漫娱图书

古 人 很 潮 MOOK 书系

君子温如玉

古人很潮 编著

长江出版社 ChangJiangPress

漫娱图书

有匪君子,
如切如磋,
如琢如磨。

有匪君子,
充耳秀莹,
会弁如星。

第一届君子艺能大赏 · 006

第一章 · 饮一世香醇烈酒
DIYIZHANG

恋与雅君子之 · 高长恭 · 022

李白 · 大神的修仙副本 · 034

屈原 · 丹心赤子，星河璀璨 · 042

谢安 · 东山之志，始末不渝 · 048

扶苏 · 山有扶苏，隰有荷华 · 054

曹植 · 《曹家早知道报》发售啦 · 063

第二章 · 叹一曲人生多艰
DIERZHANG

恋与雅君子之 · 嵇康 · 074

王勃 · 不要崇拜我，我只是个天才 · 084

李煜 · 绝代才子，末世帝王 · 090

柳永 · 白衣卿相的别样人生 · 096

白居易 · 晚来天欲雪，能饮一杯无 · 102

辛弃疾 · 吾为国生，吾为国亡 · 108

目录

第三章·守一方笔墨纸砚

- 恋与雅君子之·卫玠 116
- 唐寅·人间疯魔桃花仙 126
- 王徽之·中二少年的世界你不懂 134
- 赵孟頫·浮生隐曲，君子弘毅 140
- 颜真卿·铁血大唐真汉子 146
- 苏轼·我的吃播日常 152

第四章·护一国黎民苍生

- 恋与雅君子之·潘安 164
- 孙策·江东男神的进阶之路 174
- 白起·一剑霜寒十四州 180
- 韩信·一代兵仙的养成手册 186
- 霍去病·自古英雄出少年 192
- 古代乱世英雄测试卷 197

第一届 君子艺能大赏

YINENG DASHANG 重磅新闻

重磅新闻！首届君子艺能大赏正式开启！十九位俊美君子隆重登场！

琴棋书画、诗词歌赋、骑马射箭，无所不能。

温柔暖男、霸道将军、高冷男神，总有一位能赢得你的芳心。

还等什么，快来给小哥哥们打call吧！

曹　植

TIANCAISHAONIAN

天才少年

昵◇称
曹◆植

【代表作】《七步诗》《白马篇》《洛神赋》

【参赛宣言】人生一世间，忽若风吹尘。

白居易

CHIQINGSHIREN

痴情诗人
香山居士

昵◇称
白居易

【代表作】《长恨歌》《卖炭翁》《琵琶行》

【参赛宣言】晚来天欲雪,能饮一杯无?

苏轼

DONGPOJUSHI

【昵称】
东坡居士
美食博主

【代表作】
《水调歌头》《江城子》《念奴娇·赤壁怀古》

【参赛宣言】
人有悲欢离合，月有阴晴圆缺，此事古难全。

唐伯虎

FENGLIUCAIZI

风流才子

昵称 唐寅

【代表作】《落霞孤鹜图》《杏花茅屋图》《春山伴侣图》

【参赛宣言】桃花仙人种桃树,又摘桃花换酒钱。

赵孟頫

昵称:元朝美男子 楷书导师

【代表作】《秋郊饮马图》《秀石疏林图》《胆巴碑》

【参赛宣言】不假丹青笔,何以写远愁。

王徽之

昵称:不羁名士 任性"酷盖"

【代表作】《承嫂病不减帖》《新月帖》

【参赛宣言】既见君子,云胡不喜。浅喜如苍狗,深爱似长风。

颜其

ZHONGGUOYISHI

昵◇称
颜真卿

书法大拿
忠国义士

[代表作]
《祭侄文稿》《多宝塔碑》《颜勤礼碑》

[参赛宣言]
君子怀幽趣，谦恭礼乐才。经心皆识见，书史尽通该。

SHAONIANYINGXIONG

昵称 霍去病

匈奴煞星
少年英雄
冠军侯

【代表事迹】封狼居胥

【参赛宣言】黄沙百战穿金甲，不破楼兰终不还。

昵称 韩信

兵仙

【代表事迹】胯下之辱、垓下之围

【参赛宣言】易水萧萧西风冷，满座衣冠似雪。

BINGXIAN

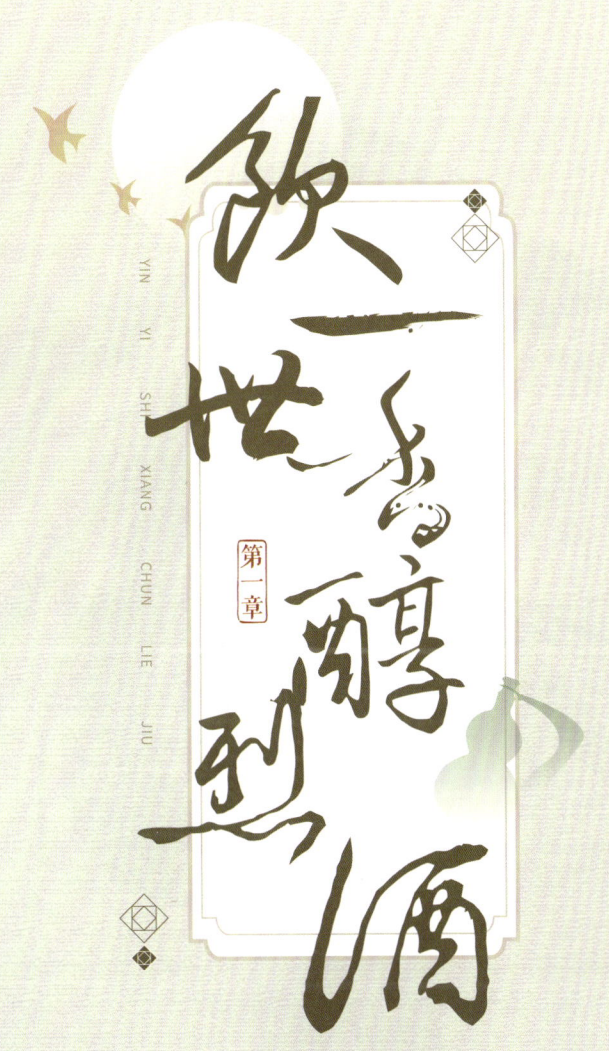

饮一世醇烈酒

第一章

欢迎进入系统界面,您获得身份【愿望受理人02号】,即将进入本书四个副本世界,帮助请愿人实现心愿!

注:您的每一个选择将影响任务成功率。

· 三张超能力卡牌请查收 ·

· 日行千里 ·

拥有迅速移动之力

· 百战百胜 ·

拥有战无不胜之力

· 庄生迷梦 ·

回溯时间探知过往之力

Mission List 任·务·单

请愿人: 高长恭

朝代: 南北朝

任务背景: 北齐河清三年,北周攻北齐,派十万大军围洛阳。北齐各地兵马赶来,迟迟不能突破北周第二道防线,金墉城已弹尽粮绝,正是千钧一发之际。

请愿人身份: 北齐宗室将领,解围洛阳将领之一,音容兼美,武功高强,废帝赐名——兰陵王。

执行人: 02号

备注: 无

> 世界读档中……
>
> 公元564年十二月，连日大雪，骑兵难行，洛阳即将沦陷，就在无数北齐将士期望奇迹降临时——
>
> 只见一人影飘飘自九天降下，风雪骤停，三军大振，纷纷叩拜："是助我等攻城的仙家啊！"

1

什么仙人！

这雪早不停晚不停，怎么偏偏在你穿越过来的时候停？这谎可扯大了，待会儿高长恭来见你，该怎么圆这个谎？

你端坐在将士们为你安排的军帐里，佯装高深，陷入沉思。

这次穿越坑得很。

当时你发现自己正好穿越到了高长恭的军营里，周围都是带着刀的汉子，你一边暗骂着系统一边哆哆嗦嗦地爬起来，为了活命只好自称神仙。你想说本大仙要见高长恭，一开口，先打了个大喷嚏。

十二月的风可不是闹着玩儿的，周围的汉子们只知叩拜，谁都没发现你快冻僵了。

众将士忽然敬畏地退开，红袍将领在寒风里打马而来，身材颀长，英姿飒爽。你抬起头，见此人戴一副獠牙鬼面，心中了然，来人便是这次任务的请愿人——兰陵王高长恭了。

"王爷！"士兵跑至马前细细禀报。

红袍将领听完，居高临下出声："你就是那个闯入我大营的仙家？"

声音隔着鬼面发出，仍十分好听，听起来如春风沐面。你顾不得他语气里的淡漠，拼命点头："具体的咱们入、入、入帐再说……"

你想强撑从容，但你快冻死了。

"哦？"好听的低音又淡淡传来，"仙家还怕人间风雪吗？"

这人绝对是故意的。

你打着哆嗦："我此番下凡助你，用的乃是凡胎肉体，所以……阿嚏！"

一声轻笑传入你耳中，又很快被淹没在寒风里，让人疑心是风雪送来的错觉。

"送仙家入帐歇息，过些时候我再细问。"

你就这么被人客客气气带走了，高长恭还极"贴心"地送来俩卫兵守着你。过会儿他来盘问，若是不能让他信服，估计这个副本就直接GG了。

正想着，见一人掀帘而来，鬼面倒映寒光，寒风也随之灌入。

你没料到高长恭来得这么快，连忙坐直了腰板。

"那雪真是你停住的？"高长恭开门见山地问。

怎么办怎么办，说实话会不会被他杀掉？可说谎被他拆穿怎么办？你的脑子飞速运转。

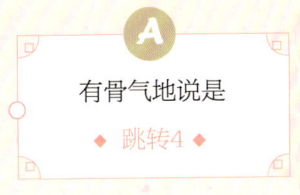

有骨气地说是
◆ 跳转4 ◆

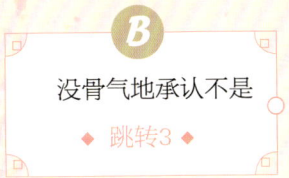

没骨气地承认不是
◆ 跳转3 ◆

②

任务成功率 0%

横竖一条命，拼了！

你没去追高长恭，继续扮仙家，高长恭也果然没再来找过你。

不料第二日便吹起了浩大的风雪，众人觉得你身份可疑，高长恭下令将你处决，游戏结束。

达成结局【出师未捷】

③

任务成功率 80%

说实话的孩子有糖吃！

你连忙利索地爬起来:"不是不是,我没有让雪停下的能力,但我……"

你本想起身以表敬意,不料刚走了两步,脚下不知绊到了什么,一失足踉跄着朝他扑去。只听见他诧异地"嗯"了一声,你的脑门已经磕在了他的盔甲上。

高长恭下意识地一抬手,扶住你的双臂,隔着面具低头与你对视。

你看清了他面具后写满了疑惑的黑眸。

场面有点尴尬。

他很快松手,低咳一声,语气恢复平静:"那我留你有什么用?"

"你听我说完!"你连忙继续道,"但我真的有仙术,我能实现你的愿望!你的愿望是解围金墉城对吧?你看我猜得准吧!"

他沉默了下,缓缓答道:"如今兵临城下,但凡是个人,就能猜到。"

场面很尴尬。

"看来你不信有神仙啊。"你讪讪地笑了笑。

"我不信有你这么笨的神仙。"

怎么还人身攻击呢!你拿起手里的超能力卡牌,决定露一手给他瞧瞧。

④

任务成功率 50%

"正是我。"你决定继续扯谎,挺直腰板回道:"我在天上听见你的愿望,见你心诚,特来相助……"

"那第二日的雪停,也要拜托仙家了,还有第三日、第四日,直到我们解围金墉城。"

啊？等等，你话还没说完啊？

高长恭缓步走近，望着你，声音在面具下微微发冷："倘若中途再下一次大雪……那就别怪长恭怀疑仙家是敌人派来的细作了。"

原来此人从一开始就没信任过你！

你冷汗直冒，目送着他转身向帐外走去，在他即将迈出步伐的前一刻，你一咬牙，决定……

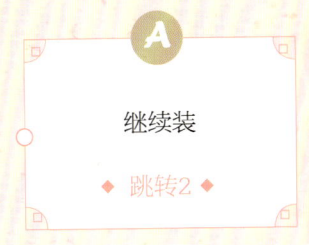

继续装
◆ 跳转2 ◆

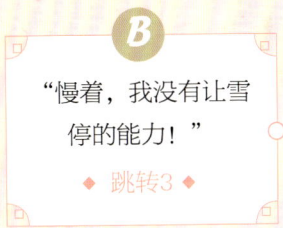

"慢着，我没有让雪停的能力！"
◆ 跳转3 ◆

⑤

任务成功率100%

"拿兵器来，看好了！"

你使用了【百战百胜】，向高长恭约战。

当日在无数将士的喝彩声里，你以精彩的一战将兰陵王打败。

"如何？"你挥舞长戟对准了他，微一扬眉，神采飞扬，"我能助你杀敌吧？"

高长恭拍掉身上的雪，此战他也打得尽兴，笑道："是我小瞧你了，七日后我要率五百将士冲入敌军包围圈，你便随我同去吧。"

你被收编入兰陵王的部队中，随他冲锋陷阵，与五百将士一同解金墉城之围。此战过后兰陵王扬名天下，你也以卓越的身手在军中闻名。

心愿达成，你即将退出副本。

他为你开了一场热闹的送别宴，宴席上高长恭喝醉了酒，拍着你的肩膀，一字一句道："我高长恭永远是你的好友。"

达成结局【与子同袍】

⑥

河清三年，高长恭率五百骑兵冲入北周包围阵，兵将皆红袍，如烈火侵袭黑夜一般,一路杀到金墉城下。金墉守军惊惧之下,不知来者何人,直到高长恭摘下鬼面,露出容貌,守军大喜:"是兰陵王,自己人!快放箭相助!"

兰陵王杀得敌人溃不成军,三十里内皆是敌军败走时丢弃的盔甲,此战天下闻名。

系统提醒你,任务圆满结束,是该回去的时候了。

另一边,你听见高长恭邀你入城参加庆祝宴的消息,你决定……

潇洒离开 ◆跳转10◆

入城一见 ◆跳转7◆

⑦

城中办了热闹的篝火宴会,将士们皆戴鬼面,围着篝火奏乐起舞,正是历史上有名的《兰陵王入阵曲》。

你赶到时,不少将士醉醺醺地来拉你喝酒,不胜酒力的你喝得跌坐在火堆旁,忽然听见熟悉的声音响起。

"我替她喝。"

是谁……在替你挡酒?

你迷迷糊糊地抬头,怎么也看不清那人的侧脸,只觉得他白净得好似个女子,直到他在你身旁坐下,无奈地拾起面具往脸上一盖:"我是谁?"

你恍然大悟,是长恭啊。

"真是摘了面具不认人,"他顿了顿,"接下来去哪,留在我这儿吧?"

你摇摇头,心中莫名一阵怅然:"任务完成,我要回去了。"

"回哪儿去?天宫?"他的语气低落。

"不是不信神仙吗?反正是你不知道的地方。"

他没回答,沉默了一会儿。

他低声唤你。

你转过头,见他正摘了鬼面望着你,深邃的黑眸里映着你的脸庞。

庆功宴的舞，篝火旁的笑，好像倏忽被推远了，这张柔美的脸让人想起许多静而美的事，文人的诗、墨客的词、中原的垂杨柳、漠北的月牙泉……唯独无法与这个乱世、这身盔甲联系在一起。

你眼前一黑。

是他将尚留余温的面具盖在你脸上，携着他的气息，面具外那动人的眉眼，也一并轻轻地覆来了。

"这七日，你是长恭信奉的神。"他低声道。

达成结局【临别一吻】

8

"你看好了，我马上就能让你吃到大宛当地产的葡萄！"

你使用了【日行千里】，哼哧哼哧地搬来了一大捧远方的葡萄，气喘吁吁地往他怀里一塞："拿着！"

高长恭果然有点蒙，没接。你隔着面具看不清他此时的表情，可惜了。

"客气什么？"你满脸高兴，硬把这几串葡萄递给他，要不是他戴着面具，你都想摘个葡萄塞他嘴里，"拿着拿着，倍儿甜！"

高长恭捧着一大堆葡萄，陷入沉思："如此仙术……"

这下可扬眉吐气了，你叉腰望着他。

"能否千里之外取上将首级？"他冷静地问你。

不愧是行军打仗的人，就是会活学活用，你惊得张了张嘴，连忙推辞："不不不，我是神仙，我不能破戒杀人的，这是你们凡人的事儿！除了这个，其他事你尽管让我帮忙！"

高长恭"唔"了一声，琢磨着什么。过了一会儿，他叮嘱你："七日后我要率五百将士，直接突入敌军包围圈，解救金墉城。这七日你便负责运送瓜果，犒劳将士吧。"

七日，五百人份。

你惊呆了，行走的搬运工？

"喂,你不打算让我发挥更大的用处吗?我不是神仙你也别这么羞辱我啊!"见他捧着葡萄要走,你连忙追过去质问,刚一开口,嘴里就被他塞了颗滚圆的葡萄。

还挺甜。

你好不容易咽下,刚一个"我"字出口,又是一颗葡萄。

"还嚷不嚷了?"这人语气居然饶有兴致。

你悲愤地抬头看他。

A 你就要说 ◆跳转11◆

B 你闭嘴了 ◆跳转9◆

9

"我知道你想说什么,一切我自有安排。"高长恭靠近你的耳边,低音隔着面具沉闷地响起,"这段时日,不要声张你不是神仙,不然连我也保不住你,记住了吗?"

你愣愣地点头,目送他的身影消失在帐外。

这七日你过得分外充实。

作为高长恭的搬运工,你耗子搬家似的,屡次搬运大宛产的葡萄、石榴犒劳他的部队。众将士一开始还长吁短叹洛阳城之围难解,后来一看见你,他们就眼睛冒光:"仙家,又带啥好吃的了?"

虽然没能让雪停下,但你以美食攻势,迅速在军中扬名立威。

这七日里,你每次看见高长恭,他不是戴着面具巡视军队,就是勘察敌情归来,一身风雪寒气,对你微微点头,打马而去。

你偷偷问副将:"你们王爷为什么不摘面具啊?"

副将:"我们王爷生得柔美,上次对阵还被敌军将领当作女儿家,说什么要怜香惜玉,结果被王爷一招扫下马,从此以后王爷就总戴面具,说不戴不威严。"

"我多给你两串葡萄,你去给我把他面具扒下来。"

"你疯啦？不行，得十串！"

"扒什么下来？"熟悉的淡漠声音从身后传来，副将那个没义气的家伙一溜烟跑了，你被葡萄噎住了嗓子，咳个不止。

高长恭善解人意地低下身，拍拍你的后背。

这力道，你觉得他是在故意报复。

"美不外露，你不闷吗？"你幽幽吐槽，"等解了金墉城之围，你得让我看个够。"

"一定。"

高长恭轻笑，大步走远了。

"仙家，自从你来后，我们王爷爱笑了。"副将偷偷溜回来跟你讲。

七日转眼过去，今日便是突围之日。

五百重甲骑士在点兵台下听令，高长恭站在台上，拔剑出鞘，高声誓词。

你在风雪中眯着眼，仰面望着，忽然听他提及你的名字，语气里依稀带着笑意，说此番有仙人相助，必定大胜。

你连忙负手而立，扮出高深莫测的模样，接受着将士们膜拜的目光，沐浴在震彻风雪的呐喊声中。

你忽然明白了，你虽不能让风雪停下，却可以定他的军心。经过你这攒好感的七日，每个将士都沉浸在有上仙相助的兴奋中，士气大振，仿佛解围只在朝夕。

你挥手作别，目送他打马率五百骑兵远去，直到最后一个骑兵消失在风雪里。

你手里拿着一张牌【百战百胜】。

【跳转6】

10

任务成功率100％

直接离开吧，事了拂衣去，你最不擅长离别了。

你向副将说了声告辞，就要离开时，有人急匆匆地唤你："王爷让属下把这个给仙家……"

是一副獠牙鬼面,高长恭知你要走,居然把他宝贝似的面具给你了。

睹物如见人,原来他也不擅长离别。

你不禁轻轻一笑。

走吧。

达成结局【信物相赠】

⑪

你说一句他喂一颗,他喂一颗你说一句。

连着喂了几颗,高长恭动作一停,似有所思:"你故意骗葡萄吃?"

你暗暗嘀咕:"我还想骗你喂我呢。"

【跳转9】

相见恨晚，我不介意
你以余生作为补偿。

XIANGJIANHENWAN
YUSHENGBUCHANG

李白
大神的修仙副本

文/明戈

LI BAI

李白打出生起就自带仙气。在他出生前,他的母亲梦见太白星钻进了怀里。于是给他取名叫李白,字太白。

虽说这事儿听起来有点玄幻,但从后来李白一生寻仙问道、排位升级之旅来看,也的确应了这仙人之姿。

李白出生后,天资便开始显现,五岁便能诵"六甲",诸子百家、佛经道书全部过目成诵。别人家孩子玩泥巴、打群架的时候,他已经懂得不少天文地理、历史知识。本以为他要按照剧本的安排踏上学霸的养成之路,这时李白身上的这股仙气又冒出来了。他没去念私塾,反而天天去戴天山上的道观玩。

白云袅袅,青山悠悠。只见仙气氤氲的白雾中,一个小屁孩跷着二郎腿,和一群鹤发童颜的素袍道士唾沫横飞地谈论道经。他引经据典,字字有理,还时不时夹杂着自己的感悟。道士们都在心里暗暗赞叹:"啧,这小孩肚子里有点东西。"

过了不久,李白写了首《访戴天山道士不遇》。

野竹分青霭,飞泉挂碧峰。无人知所去,愁倚两三松。

山上的景色美极了。野竹分开云雾穿入青天,飞泉挂在碧绿山峰,我来找你们侃大山了,可是人都跑哪去了?嗨,真烦。

日复一日,在道观耳濡目染的熏陶下,李白对成为仙人愈发向往了。

【修炼处】:戴天山

【技能】:妙笔

【消耗】:0气息值

【技能说明】:用道文化入诗,诗风深沉悠远,清逸隽永,是技能"神来之笔"的初步形态。

几年后,李白觉得自己升级了,便离开了戴天山,到了岷山。

据记载,岷山"连峰接岫,重叠险阻,不详远近。青城、天彭之所环绕",是修仙的好去处。

他在这里结识了一位号"东岩子"的隐者，随后，二人一起隐居于岷山。李白在此隐居期间养了许多鸟，当起了动物饲养员。

养得久了，只听李白一声呼唤，众鸟便从远方各处飞落阶前，有的甚至在李白手里啄食谷粒，毫无惧色。这事不知怎的传了出去，大家都称作奇闻，最后绵州刺史亲自到山中观看李白唤鸟喂食。

刺史到了一看，惊得直拍巴掌："你小子会法术！你是仙人？"

李白也很蒙，心里纳闷：我不过喂了几年鸟，就成仙了？

刺史迎上去，激动地握住李白的手，推荐他去参加道科的考试。

李白犹豫了下。万一这法术是因为鸟跟自己熟了，到时候换批鸟再不灵，那多丢人啊。

于是他拒绝了刺史，刺史很失落。

虽说没练出来什么正统仙术，但起码能证明自己有点仙人的意思了。

【修炼处】：岷山

【技能】：清心

【消耗】：20气息值

【技能说明】：被动技能。面对凡尘诱惑时，立刻以自身为中心结成清心结界，可不受外物侵扰，是修炼其他技能的基础。

作为一个求仙之人，李白做过一番深入的调查与研究。你看那些得道成仙的人的共同点：不仅有胡子和长发，还潇洒如侠客，比如尊上能御剑飞行，多帅。

李白一琢磨，自己胡子和头发都有了，就是缺剑术。这有何难？于是他大手一挥，练剑！

之后，李白找到了大唐第一剑客，人称"剑圣"的裴旻。

当李白登门时,裴旻正在院中习剑。掷剑入云,高数十丈,若电光下射,漫引手执鞘承之,剑透空而入。

习毕,裴旻背手而立:"为何学剑?"

李白手握龙泉剑,颔首道:"为侠为仙。"

裴旻看着面前的少年,又问:"为何欲当侠仙?"

李白微微一笑:"能力越大,责任越大。"

裴旻点点头:"有见地。"

就这样,李白触发加成武力值的任务,开始练剑。

习武不易,但我们李白可是自带 buff 的男子。不出几年,剑术便仅次于师傅裴旻。

"银鞍照白马,飒沓如流星。十步杀一人,千里不留行。"李白着白衣吟着诗句站在山顶,如墨色般的长发随风扬起,身畔的龙泉宝剑映出闪闪寒光。此时的李白已有了些许仙风道骨之姿。

【修炼处】:北平郡

【技能】:侠客行

【消耗】:50气息值

【技能说明】:高爆发物理伤害。李白化身剑气,对面前敌人飞快斩杀。每次普攻可叠加印记,是触发大招的关键。

过了些年,李白觉得自己内外都修炼得差不多了,是时候仗剑远行出去历练了,正好去别的地方也寻仙问道一番。

经过几番游历,他想去嵩山看看,虽然盘缠不够没去成,不过阴差阳错结识了元丹丘。这位仁兄也是个著名的隐士,好巧不巧,人家在嵩山脚下还有一处隐居住所。

于是李白借着到他家玩的机会,登上了自己心驰神往的嵩山。

李白这么向往嵩山是有原因的。他从小就崇拜的偶像王子晋便是在这里修道。这就相当于到爱豆的常来地打卡,万一也能获得一样的仙缘呢?

李白站在仙雾弥漫的山上触景生情,写下了《感遇》一诗。

吾爱王子晋,得道伊洛滨。金骨既不毁,玉颜长自春。

这么看来,李白的寻仙之路十分顺利,可命运往往就是在人预料不到的地方,给你挖个坑埋点土。

经元丹丘辗转介绍,李白竟然被唐玄宗直接召进宫了。

见面当日,唐玄宗"征就金马,降辇步迎,如见绮皓"。那日锣鼓喧天、鞭炮齐鸣、红旗招展、人山人海,相当壮观。

不过这也不奇怪。我们李白作为太白星下凡,随随便便写一首诗就是 100 万 + 阅读量的超级红人,当然配得上这种场面。只是人家一直以来专心寻仙,也不怎么注意这些。

伴随着众人的尖叫,李白仙气十足地走上了大殿。唐玄宗连忙让人搬来七宝床,上八菜一汤。

"一路上累不累?辛不辛苦?饿不饿?"唐玄宗兴奋地拉着李白入座,嘘寒问暖道。

"还好。"李白一拱手。

"今儿我做东,你就吃好喝好。跟你讲这汤老好喝了……"说罢,御手调羹递给李白。

席间,二人相谈甚欢。聊到一些时务,李白凭半生饱学对答如流。玄宗更佩服了,当即一拍板:"封你为翰林!"

两旁大臣酸得直嘬牙花子。

李白这个翰林是干吗的呢?没事陪皇上妃子吃饭,作诗助兴,再就是歌功颂德,没什么正经事儿干。

虽说旁人都羡慕,可久而久之,李白却十分厌倦。他扔下仙缘跑来宫里,是想要大展宏图,而不是喝酒赔笑的。

李白本身就是放荡不羁的仙人做派,后来被皇帝疏远,干脆看清形势,自己离开了京城。

虽说表面上看，李白在寻仙途中开小差跑偏了，可如果不是这段经历，李白也不会写下"且放白鹿青崖间，须行即骑访名山，安能摧眉折腰事权贵，使我不得开心颜"的诗句。

打这以后，李白的灵魂升华了，看事情愈发通透。虽是盛世，可背后的腐朽却腥臭刺鼻。他觉得与其在这世间同流合污，不如继续做个干干净净的仙人。

【修炼处】：长安

【技能】：谪仙歌

【消耗】：60气息值

【技能说明】：辅助技能。发动后，李白立刻进入冥想模式，净化自身精神领域，提升智慧值，是后期修炼技能的重中之重。

李白被"赐金放还"后，便借着排遣抑郁的旗号去了洛阳旅游。在这里，他遇到了自己的头号粉丝杜甫。

早在见面之前杜甫便知晓李白的游仙诗满是变化莫测、奇思妙想，可谓"笔落惊风雨，诗成泣鬼神"，见面后，他立刻就被李白一尘不染的白衣、睥睨一切的气质所折服，忍不住惊呼："贺知章说得不错，真真是谪仙人啊！"

李白也挺喜欢这个小粉丝，两人一见如故，还约好一起出门玩耍。于是山上经常能看到这样一幅画面：两个俊美男子拿着小镰刀汗流浃背地采仙草、炼仙丹、找仙人。

后来他们又遇到了高适，于是画面顺理成章地变成三个俊美男子拿着小镰刀汗流浃背地采仙草、炼仙丹、找仙人。

三个人厮混了一年，高适和杜甫也没学到半点仙人的意思。奇怪的是，李白的气质倒是愈发清逸出尘。

寻仙小分队解散后，李白到了齐州的紫极宫，请道士高天师如贵授道箓。

自此,他算是正式履行了道教仪式,真正成为道士。后来他又去了德州安陵县,遇见这一带善写符箓的盖还,请他为自己造了真箓。

李白的求仙问道之旅获得了正式的结业证书。

【修炼处】:齐州

【技能】:青莲一梦

【消耗】:70气息值

【技能说明】:仅次于天地大同的最高技能,道果结成。将理论道学融入自身,贯通血脉,迸发自身仙气。

打那之后,关于李白几欲修炼成仙的传闻又多了很多。在大家心中,李白是一位遗世独立的神人,已经超脱了尘世的一切冗杂,在酒与墨香中酣畅淋漓地活着。

可就是这样一位谪仙人,在后半生却选择了另一条路。

天宝十四年,安禄山起兵造反。自此山河破碎,民不聊生。叛军一路打到了潼关,长安危在旦夕。李白得知后报国心切,混乱中加入了永王的队伍。

谁知叛乱被平后,永王擅自引兵东巡,兵败后牵连李白也被投到监狱里。虽然后来李白被宋若思救了出来,可不出几年,又被长流到了夜郎。

"长流",便是一去不回,至死不得返乡。而那时,李白已是暮年。

乾元二年,朝廷因关中遭遇大旱,宣布大赦。这位曾经最是洒脱自在的谪仙人,经过这么多年的辗转流离,才终于获得了自由。

直到临终前,李白都在忧心国家危亡,他挣扎着从病榻上坐起来,主动请缨杀敌。

众人都知李白皎皎白衣缥缈出尘,了无牵挂。只有李白自己知道,那白衣背面满是忧国忧民的赤诚。

说到底,他寻仙也不是为了自己。不过是希望,若真的成为仙人,便可以润泽世人,为这黑暗的世界带来点点光明。

李白不需要走仙门,他天生就是个仙人。

【修炼处】:当涂

【技能】:天地大同

【消耗】:100气息值

【技能说明】:传说中的神级技能,极少有人修炼成功。置天下于首,系苍生于血,羽化登仙。

屈原

丹心赤子 星河璀璨

文 本人本人

楚国，丹阳，乐平里。

身穿华服的少女轻轻提着裙裾，在巷子里穿梭奔跑。终于，她停下脚步，看着眼前那个一袭白衣的少年的背影，嘴角勾勒出自己都不曾意识到的笑容。

"屈平。"少女小声地唤他。

少年闻声回头，见到来人就笑了起来，眼睛里映着夏夜漫天的星光。

少女低垂眼帘，放慢了脚步，缓缓走到他的身边。她虽然年少，但已然有了世族贵女的气质。

"屈平，你可叫我好找！你在这里做什么？"

"我在看天。"少年声音清朗，

带着不曾掩饰的喜悦与激动,像是在分享珍宝的孩子。

"天?"少女不解,"天有什么好看的?更何况天已经黑了啊。"

屈平轻轻摇了摇头,抬手指向天幕。

夏日的晴夜,悠远而低垂。极目远眺的尽头,升腾起绚烂的紫气,又伴随着轻软的云消失在黑夜里。

他喃喃地问:"这样的天,是从亘古起就存在了吗?万万年前如斯,万万年后亦如斯。"

少女不解,下意识接道:"人们都说,万物初始于一片混沌。清者做了天,浊者成了地。"

听到少女的回答,屈平笑了。他转过身去,面向广阔大地:"人们都说,就是如此了吗?"

略过树梢的夜风裹住少年瘦削的身躯,飘飘然仿佛羽化成仙而去。

少女怔愣着听眼前这个人的低语。她羞红了脸,沉默良久后坚定地道:"屈平,你会成为一个好诗人的。"

白衣少年回过头来看她,他身后是无边夜色,万里星河似水;他眼中是光芒璀璨,点点星光烂漫。

"诗人?"少年踏出一步,"我不仅要做诗人,我还要做最厉害的谋士政客,我要楚国在我的手里走向强大,我要所有的平民不再挨饿受冻。"他向前走去,仿佛走进了一池的星光。而他的面前,是隐隐露出雏形的泱泱大楚。

"阿昭,我要你和十万里苍穹上的无数星子一同见证——我大楚必将国富民强!"

很快,梦想便照进现实。一次偶然的机会,少年得到了楚怀王的觐见。大楚的君主赏识他的才华,更加惊叹于他的胸怀,便委以重任,封他为左徒。

少年逐渐成为楚王手中一把锋芒毕现的尖刀。他锐意改革,简明法度。他割开王国盘根错节的肮脏血脉,让鲜红的血液涌动而出。他斩断凶狠丑恶的陋俗,让神光照耀在每一个黎民百姓的面庞上。

楚国真的就像他少年时设想的那样一步步走向强大。

可是，祸福轮转。他的举动得罪了太多的人。阴谋和毁谤到底砸在了白衣公子的身上，让他跌落进一池泥泞的污沼。

他不卑不亢地站在大殿上，脸上的线条青涩却又刚硬。金碧辉煌的殿堂内，此时却是骇人的沉默。屈原自嘲地勾起了嘴角，他在这片要将人吞噬的沉默中，听到了人们内心的放肆嘲笑。

于是，他不再看他们，而是抬起头，看向阶上的君王。那个人，是世间最威严的王；那个人，手握无上的权力；也是那个人，赏识他并给了他亲手改变这个国家的机会。因此，他还怀有一点幻想。

阶上的男人一身锦绣的华服，面无表情辨不出喜怒。

众人不敢直视其锋芒，纷纷跪下。只有屈原瘦削的身影如劲竹般挺立。他扬起玉石般的脖颈，冠冕的飘带飞扬，直视着楚王的双眸。

"臣，不曾有错。"他声音冷冽，和往常一样没有丝毫的波动。

楚王不再忍耐，他怒吼咆哮："将他押下去！流放！到汉北去，到边境去！"

"臣不曾有错。郑袖是妒妇！靳尚是佞臣！张仪心怀鬼胎！臣不曾愧于君主，不曾愧于大楚，也不曾愧于己心！"屈原站在大殿中央，一字一句，越说越快。字字铿锵，犹如玉石相击。

几个将士上前，想要缚住他的双手，却被屈原甩开。怨愤悲愁郁结在胸，突然，他呕出一口鲜血，染红了洁白的衣裳，滴落在雕栏画栋的殿堂，渗透进九万里外的黄泉黑土。

少年时的屈原不曾想到，让他撒下一片热忱的大楚国，不只有尊贵豪迈的君王和一路平坦的仕途。自诩为天之骄子的屈原被踩在脚下，任凭他如何呼喊，也无法改变自己的命运。

于是，深爱着这个国家的屈原，被驱逐出了国都。他被一点点疏远，最终被贬到汉北。屈原挣扎着不肯理睬别国递来的橄榄枝，飘飘悠悠地徘徊在楚国的百万里沃土上。

　　他顺着长江且行且歌。离开郢都的安定繁华，他见过了洞庭的一江春水，看过了汉北的山川险恶。诗人的足迹跨过大江大河，留下了传说，也把血与泪倾洒在山川湖海里。

　　周赧王三十六年至三十七年，秦将白起伐楚，攻破楚国别都鄢、都城郢，无数百姓流离失所，哀鸿遍野。这一战史称"鄢郢之战"。

　　那个看似恢宏的泱泱大楚，至此轰然崩塌。

　　这天下的道理让人觉得可笑，屈原的心中是无尽的迷茫。他一心为国，却形影相吊；有的人只看到那些蝇头小利，国土却在他们手中沦丧。这是他的错吗，他是不是真的应该为了楚国选择与他们同流合污？

　　他看着悠悠的苍天，和年少时不曾有丝毫的不同。

　　那天是什么呢？

　　太阳是什么呢？

　　"自明及晦，所行几里？"

　　月亮是什么呢？

　　"夜光何德，死则又育？"

　　什么是明，什么是暗？什么是那漫天的星辰？

　　他去问太卜，在卜辞里探寻缥缈的天意。

　　他虔诚地叩问，这世上的道理到底是什么？人们宁可用瓦罐去演奏音乐，为雅乐而生的丝竹管弦却被弃置一旁。他不懂，这究竟是因为什么？

　　太卜放下龟甲与兽骨，捻了捻长长的胡须，长叹了口气。如果一个人的惶惑背后有百万里名山大川，有无数的血与泪，却仍然倔强着不肯顿悟，那么上天也无法为其解答了。

　　他看着眼前苦苦挣扎的屈原："不如去问问你自己的心吧。"

　　洞庭湖的泪水缥缥缈缈，烟霭洗练成一顷碧波。鸥鸟长鸣，悠远回响，如泣如诉。江上的渔夫撑着钓竿，身披蓑衣佝偻在岸旁。

恍惚间一个男人走来，一袭白衣且行且吟，惊飞了渔夫的水鸟。老渔夫在羽翼纷飞中认出了这个男人。楚国上上下下都流传着他的故事，只是男人比他想象中还要枯槁憔悴一些。

"你是屈子，楚国的三闾大夫，"他的声音苍老又沙哑，"怎么成了这个样子？"

男人被他认出，抬起头来。老渔夫有些惊讶，他突然发现，这个传闻中失意流浪的屈原，眼神却异常坚定。

他悠悠地吟道："举世皆浊我独清，众人皆醉我独醒。"

像是回答渔夫的问话，也像是喃喃自语。

渔夫听及放声大笑："这世间万事万物什么不是在变？圣人也随世而变。你说举世皆浊、众人皆醉，何不举杯痛饮，与他们相同？何以沦落到如今这个田地。"

屈原自嘲一笑："罢了，到底是不舍我这一袭白衣。"

道不同不相为谋，老渔夫不再规劝，缓缓地收了钓竿，驶着渔船行在一江碧水里，渐渐消失在山色缥缈中了，只留下沙哑的小调，在江面上回响。

"沧浪之水清兮，可以濯吾缨。沧浪之水浊兮，可以濯吾足。"

等到人烟消散时，屈原向前踏了一步，踏进了寒凉的春江水里。

星光璀璨作证，屈子丹心碧血，至死都是少年。

众人皆醉我独醒。
举世皆浊我独清，

饮一世香醇烈酒

丹心赤子，星河璀璨　屈原

谢安

东山之志 始末不渝

文 小咕咕

谢安生于江左的高门大族——陈郡谢氏。他的曾祖父谢缵在曹魏任典农中郎将，祖父谢衡曾任国子祭酒、太子少傅，父亲谢裒官至太常卿。在东晋那个无比看重门第的年代，这个身世不知被多少人艳羡。大家都默认谢安将像谢家乃至整个东晋的名士那样，出落得英俊潇洒，才华横溢，然后在东晋身居要职，成为又一个万人追随、名留青史的人物。

果然，谢安稍大一些的时候，就长得俊美无俦、气度非凡，还写得一手漂亮的行书。见过他的人都不吝于赞美，"风神秀彻""风宇条畅""神识沈敏"……种种赞扬之词纷至沓来，人们说他堪比晋初第一名士王承。

但是这样的声音越多，谢安就越痛苦。他是陈郡谢氏的子孙，这个身份好似一把标尺，决定了他必须成为世人眼中的名士，别无选择。

到了适合出仕的年龄，任命的诏书果然接踵而至。朝廷先让他去司徒府，又宣他做佐著作郎，谢安都以疾病为由推辞了。

世人认为谢安是自持其才，想得到更高的官职。其实，他只想摆脱家世，做个普通人。

为了躲避纷扰，谢安隐居到会稽东山。

这是他人生中最快乐的一段日子，每天出门捕鱼猎禽，回到家就吟诗写文，有时也和王羲之、王洵他们交游唱和。在这里他不是什么望族子弟，只是平淡却又自在的普通人。

他也曾因为朝廷的催逼不得已去任职过，但只待了一个月便卸任了。之后不管朝廷怎么逼迫，他都坚决推辞。

谢安的任性引发了很多人的不满，他们参劾谢安蔑视皇权，说他屡召不至，于是朝廷下令，将他禁锢终身，一辈子无法入仕做官。

看不惯谢安的人弹冠相庆，觉得他终于自食其果了。可谢安不但没有愤愤不平，反而很平静。

他又回归到了自己的生活中。有次去临安游览，他坐在岩洞中，看着深不可测的山谷，沉默良久。身边的友人以为他是想起自己无法入仕的身份，心里怅惘，刚要劝慰，谢安忽地笑道："现在我和伯夷差不多吧！"

伯夷耻食周粟，为了坚守自己的气节，最终饿死在首阳山。

如果能成为自己想成为的人，仕途算什么，付出性命也值得。

升平二年，谢安的兄长谢奕去世，弟弟谢万被封为西中郎将。

而谢安隐居东山的日子愈发怡然自得，时而独自吟啸于山林，时而和文士名流游玩唱和。

很多人看不惯他，说国事倾危，谢氏兄弟都在为国效力，你怎么能苟且偷安？会稽王司马昱闻言笑道："安石能和别人一同享乐，肯定也会为了帮别人解决忧难而出仕。"这话传开了，但没几个人信，大家都觉得谢安眼里只有自己。

谢安本人听了，也是一笑置之。

次年十月，谢万受命北征。他虽有令名，却是个彻头彻尾的清谈家，就算做了万军统帅，也只顾清高吟啸，根本不懂得振奋军心。谢安到军中看望他，见了这一幕，对他说："四弟，你是三军之主，应该和将士交流，鼓舞士气，不然怎么能打胜仗呢。"

谢万把将领招来，想了半天，才说出一句："诸位将领，都是劲卒！"将领们脸色都变了。谢安皱皱眉，轻声叹气。之后，他亲自拜访每位将领，请他们对谢万多加担待，尽力辅佐。

晚上，谢安借着喝酒的由头，想再教谢万一些用兵之道，让他不至于输得太惨。谢万却和他发了脾气："既然兄长能妙计安天下，何必躲在东山不出来？我虽无能，好歹敢为国尽忠！"

谢安垂头不语。

回到家，谢安一连多日，整天把自己喝得酩酊大醉。妻子从没见过他这样，忧心道："谢郎为何不悦？"

谢安醉醺醺道："四弟。"

妻子抚着他的头发，道："其实妾一直想问，谢郎家中人人声名煊赫，谢郎想过要和他们一样吗？"

谢安徐徐道："恐怕……是逃不过了。"

谢万不出所料地惨败，被贬为庶人。为了弥补四弟犯下的错误，不让陈郡谢氏的大梁坍塌，谢安接受了朝廷的任命，去征西大将军桓温麾下做司马。

谢安出山了，简直比改朝换代带来的轰动还大。去新亭之前，各怀心思的朝士们都去送他。中丞高崧调侃："安石你年轻的时候高卧东山，屡征不就，我们都说谢安不肯出山，天下百姓可怎么办？现在天下苍生又要拿你怎么办？"

百官哄堂大笑。高崧说出了他们的心声：你谢安自命清高这么多年，现在还不是和我们一样？

谢安愧疚地笑笑。这点愧疚不知是给朝廷，给苍生，还是给自己。

在新亭，谢安第一次见到了桓温。桓温美髯长眉，骁勇英伟；谢安眉目如画，飘然若仙。他们看着是那么不搭调，却一见如故，格外谈得来。

桓温北征之前，谢万病逝。谢安为了照应家中，没有随桓温出征。

两人再会，还是在新亭，但早已物是人非。桓温趁简文帝驾崩，少主弱幼，想要发动兵变，据天下为己有。他暗中在墙壁后设下伏兵，唤谢安、王坦之进来，想要杀了他们。

兵戈碰撞有声，王坦之被吓出一身冷汗，谢安却淡定如常，对桓温笑道："我曾听说，'诸侯有道，守在四邻'，明公何必要在墙壁后面藏着埋伏呢？"

桓温也笑了笑。他们又说笑起来，仿佛从前那样，但很明显，两人之间有了一道跨不过去的鸿沟。

桓温病逝后，谢安从没去祭奠过他，只是重用了他的弟弟桓冲，保住了桓氏家族。桓冲也顾全大局，一直恪尽职守。

谢安辅政的几年，各种溢美之词纷至沓来。在旁人眼里，他年少成名，中年得志，醒掌天下权，醉卧美人膝，要什么有什么。可他只觉得自己荒唐：自小就立志摆脱家世的束缚，没想到却成了陈郡谢氏最显贵的权臣。

谢安位列三公宰辅，权势愈来愈大，但他也越来越放纵。他在丧期纵情声乐，任人劝说也不停止。他大修庭园，住处别墅林立。每天玉盘珍馐，美人相陪，生活过得好不奢靡。

世人讥讽他全然没有股肱之臣的担当，不过是个贪图享乐的俗人。

听到这些非议，谢安竟有种近乎报复的快意。

太元八年，苻坚率八十万大军前来进犯，而东晋集结起来的兵力只有八万，举国震恐。作为朝堂第一栋梁的谢安，被授予征讨大都督之职。他有意提拔晚辈，让谢玄在战中担任要职。

谢玄虽有文韬武略，但毕竟年轻，两军实力又太过悬殊，他还是有些慌张，于是去问叔父该如何应对。谢安品着新酿，悠悠地道："放心，我已经另有安排了。"谢玄还想再听指示，谢安却什么也不说了。自小叔父就很疼他，可他又总是读不懂这个人。

他不敢多言，又让张玄去向谢安请求指示。谢安却拉着张玄去了自己的庭园，和他赌棋。平日里谢安的棋艺不如张玄，但张玄被战事扰得心不在焉，今日怎么也敌不过谢安。

谢安收起棋子，抬眸向他浅浅一笑："今天输棋，可怨不得我。"

张玄看着谢安微微上翘的眼梢和唇边淡淡的笑意，一下子觉得心安了。他不了解谢安的计策，但他坚信谢安有出奇制胜的计谋。即便泰山崩于前，看见谢公这番从容的模样，大概也不会怕了。

回到住处，谢安指挥将帅，让他们各司其职。八万军士整装出发，东晋几乎每个人都坐立难安，担心东晋被前秦大军击败，走向覆灭。谢安却一切如常，依然美酒相陪，红袖添香，仿佛这场战争从未发生。

谢玄在谢安的指导下，和苻坚战于淝水，以八万人大败前秦八十万军马，一战成名，谢安也声名更盛。部下来传捷报时，谢安正与来客对弈，听到消息，他浅笑道："好啊，孩子们把贼军打败了呀。"

他对自己的统帅之功绝口不提，只想突出谢玄的功劳。侄儿有出息了，自己再不用挑陈郡谢氏的大梁，能找机会退位了。

两年后，会稽王司马道子擅权。他嫉恨谢安，于是谢安决定避开建康这个是非之地，交出自己的权力，出兵镇守广陵步丘。

谢安在步丘营造新城，帮百姓们兴修水利，把一个小地方经营得风生水起。但他好像变得唠叨了，逢人就要说起自己在东山的过往，同样的事情可以说上好几遍。他还告诉大家，自己正在造船，要从水路回到东山。人们这才明白，原来谢公再焕荣光，是因为夙愿中的东山。

不久后的一个早上，谢安忽然重病，乌黑的头发白了大半。无奈，他只能回建康养病。谢安昏昏沉沉地坐在轿辇中，听人通传已经到了西州门，他睁开眼睛，怅然地说："病前那晚，我梦到明公……我梦到坐着他的轿子走了十六里，遇到一只白色的鸡方才停下。我顶替明公的位置恰好十六年了，今年又恰逢酉年，是时候该走了……"

谢安缠绵病榻的最后几天，已经病重得说不出话。临终那日，他忽然很激动，想表达些什么。左右取过纸笔，谢安的手颤巍巍的，但落笔依旧稳健。

他用俊逸的行书写下两个字：东山。

`家人` `朋友` `温柔`

提问：你见过最温柔的人，是什么样的？

可以是朋友、同事、陌生人，想听听你的故事。

查看5个回答

 **在下蒙恬**

秦朝将军/蒙武之子/中华第一勇士

3.6w人赞同了该回答

谢邀。人在上郡，刚下战马。身为秦国第一将军，行不更名，坐不改姓，不匿了。

我有个领导叫扶苏，是我们总裁秦王家的大公子。好像是和秦王闹了什么不愉快，前不久刚被外派来我们上郡，和我一起在北疆修筑长城，抵御外敌。

要说他这个人有多温柔，你从名字就能看出来。

听说是因为其母妃是郑国人，特别喜欢当地流行的一首情歌："山有扶苏，隰有荷华。不见子都，乃见狂且。"于是秦王便给他取名叫这个。

你见过哪个皇子的名字来源这么浪漫？反正我是头一回。

后来见面果真人如其名。他爸明明是一个体育生，他却生生长成个文科生，一点没有那股威武残暴的劲儿，性情非但不张扬跋扈，反而温良有礼，就连长相也是目若朗星，面如冠玉。

--------------------分割线--------------------

哇，一觉醒来五百个赞，那我再补充一点吧。

前阵子他来到北疆，我出门迎接，第一眼便见到一个温润如玉的男子，嘴边扬着温和的笑。边塞艰苦，伙食也不好，他从小在宫里长大，我还怕他吃不惯。没想到他适应得非常好，还常常问将士们生活如何，有什么需要。

不愧是春风化雨，公子扶苏。

好了我要去打仗了。

以上。

▲ 赞同 3.6 万 ▼   2,026 条评论

`家人` `朋友` `温柔`

提问：与父母关系不好是一种怎样的体验？

最好是自己亲身经历。刚和爸妈吵完架，心情很差。

查看12个回答

 **你的扶苏呀**
秦始皇长子/宗室大臣/外号公子扶苏

6.5w人赞同了该回答

先说一个故事吧。

本人自幼便是别人家的孩子。除了学校的功课外，父王还给我报了十来个课外班，琴棋书画武术兵法，只有你想不到，没有我学不到。所以我从小就活得挺辛苦的。

但是我一点都不怕累。作为秦王的大儿子，弟弟们的表率，一生下来就是站在金字塔尖上的人，我深知文武群臣和百姓们都盯着我。我不能让父王丢脸，更不能给大秦丢脸。

大家都说，父王给我取名扶苏，是枝叶繁茂的意思，是对我寄予了厚望的。所以我一直努力学，拼命学，就怕让父亲失望。

可父王好像并不喜欢我。不论我多么用功，先生如何夸奖我的进步，父王总是离我很远，冷冷地点点头，说知道了。

相比之下，父王对弟弟却是宠爱有加。弟弟生得可爱，父王便给他取名胡亥，意思是小猪。弟弟打小就不听话，可父王由着他胡闹。只有在他面前，父王才像个

和蔼的父亲。

至于我与父王的关系，与其说是父子，不如说是君臣。

先前，侯生与卢生一同讥讽父王暴戾，父王听后勃然大怒。二人逃亡而去，父王为了追捕他们，命令御史拘捕审讯咸阳城的所有术士，总共四百多人，要把他们全部活埋。

我听闻此事立刻上书劝谏："天下刚刚安定，如今用最严厉的刑法处置子民，臣担心天下会动荡不安，还望陛下明察。"可父王并未消气，反而一并迁怒于我，将我发配到北疆，与蒙恬将军一同修筑长城。

这么多年来，我兢兢业业，恪守君臣父子之礼，没有半分僭越。我力所能及地为父王分担政务，尽全力爱民如子，巩固我秦王朝。为何父王依旧如此讨厌我，我究竟做错了什么？

我虽满心疑问，但并不恨他。只要我一天是他的儿子，一天是大秦的子民，我便会为我父王、为大秦出尽最后一份力，流尽最后一滴血。

此乃君臣父子之道矣！

 赞同 6.5 万 　　💬 7,988 条评论

▼ 评论

　　🍓 秦朝一棵小草：大半夜看哭了。

　　🍱 你论语背完了吗：楼主加油么么哒。

`家人` `朋友` `温柔`

提问：在育儿方面，你有什么经验和雷区？

刚刚有了自己的baby，是个新手爸爸，想问问广大朋友有什么经验教训吗？

查看5个回答

 **秦始皇本皇**
政治家/战略家/改革家

6.5w人赞同了该回答

谢邀，刚批完折子。

对于这个问题，我有绝对的发言权。倒不是因为我是皇上，咱不整那些虚的，单凭我培养出来一个如此优秀的儿子，我也绝对能站出来说道几句。

我这个儿子叫扶苏，打从他出生起，我就对他寄予厚望，他将是我的继位之人。不像我的另一个儿子，一看就是个闲人，所以取名胡亥。

扶苏也的确没让我失望，他天资聪颖，文武双全，当然这也有我的一半功劳。在我的严格教育下，他越来越出色。

可后来我发现了一个问题，他太过于柔软，总是有些妇人之仁。作为我的接班人，大秦未来的帝王，怎么能这么仁慈呢？于是我便冷落他，不与他亲近。毕竟想要培养出杀伐决断的气魄，就不能面慈心善。

前一阵子，我要杀死一批讨厌的术士。他知道后竟然极力劝阻我，说我伤天害理有违人道。我气极了，便把他派到了北疆，让他好好反省自己，也能在与匈奴的交战中好好培养自己的杀性。作为大秦未来的君王，手段必须强硬，使人慑服才行。

注：个人经验，切勿照抄照搬，楼主记得因材施教，笔芯。

------------------------分割线------------------------

没想到一年后我会来更新。

作为一个皇上，能留给儿子的恐怕也只有嘱托和皇位了。

在这次巡游中，我的顽疾发作，估计时日无多。特此立嘱将皇位传给扶苏，还望他能速速归来。

————————————————分割线————————————————

弥留之际，想对吾儿说："父王一直为你感到骄傲。"

▲ 赞同 6.5 万　▼　　💬 7,988 条评论

`家人`　`朋友`　`温柔`

提问：你这辈子最对不起的人是谁？有什么话想告诉他吗？

编故事的请出门右转。

查看18个回答

胡亥不是小猪猪
秦二世/扶苏公子之弟

6.5w人赞同了该回答

慎入！慎入！慎入！毁三观核能预警，本人玻璃心，不喜勿喷。

我有个兄长，叫扶苏，父王特别喜欢他。

虽然父王对我有求必应，可我知道，他更喜欢扶苏，毕竟世人都传："吾闻二世少子也，不当立，当立乃公子扶苏。"

我虽然不甘心，可我记得某次父王在朝堂上问群臣，对六国士子和遗民的政策。当时包括我在内，群臣都默不作声，不知道该怎么回答。

兄长却上前一步道："用安抚来化解他们与秦国之间的仇恨。收服他们的心，

这样就算有异心之人，也没办法掀起什么波浪。"

说完，群臣无一不拍手赞许。

我嫉妒大家都喜欢他，可不得不承认他的确聪明厉害。

前不久，机会来了。父王在巡游途中突然发病逝世。大臣赵高告诉我，我可以瞒丧不发，秘密更改父王的遗诏，谎称父王在沙丘立我为太子。

我同意了。

赵高又说，扶苏民威过高，百姓定不同意，遗诏上要加上赐死扶苏和蒙恬。

我犹豫后也同意了。

我知道哥哥是个至仁至孝之人，只要这封诏书送到他手里，不论他有多不解多难过，为了不违父命，也会立刻自裁。所以当我点头答应篡改密信时，哥哥便已经注定死了。

现在诏书已经在路上了。

哥哥对不起，我想做皇上。

▲ 赞同 6.5 万   ▼   💬 7,988 条评论

▼ 评论

大门外的哈士奇：虽然我不是人，但你是真的狗。

`家人` `朋友` `温柔`

提问：如果你现在快离世了，终其一生，你后悔吗？

一个脑洞问题，好奇大家是怎么想的。

查看9个回答

 **你的扶苏呀**
秦始皇长子/宗室大臣/外号公子扶苏

6.5w人赞同了该回答

谢邀。

其实这个问题对我来说不是脑洞题，而是论述题。

今天上午，我与蒙恬将军正在军营巡视，远处突然传来一阵急促的马蹄声。

在铮铮铁蹄扬起的沙尘中，一支军队出现在我面前，为首的是赵高的使者，他带来了父亲的最新诏书。

我跪在马前接旨。

"扶苏为人子不孝，其赐剑以自裁！将军恬与扶苏居外，不匡正。宜知其谋。为人臣不忠，其赐死！以兵属裨将王离。"

听到诏书那一刻，我只觉眼前发黑，接旨的双手止不住地颤抖，几乎跪立不稳。我无法相信这是父亲写给我的。

我与蒙将军在外守边数年，驱匈奴修长城，建城数十座，扩地数百里。我理解父亲不想把皇位传给我，但我究竟做了什么大不韪之事，令父亲要我当场自裁？！

我胸中满是委屈，尽是心寒。

使者在一旁叱道："公子请速速受剑自裁，更待何时？"

我握紧了手中的宝剑。此时，我身后有三十万大军。只要我一声令下，便可攻下咸阳。

可我不能，我也不愿。

蒙恬在一旁提醒我,这诏书真假未辨,不可草率。

但事到如今,真假还重要吗?

若为真,我身为儿臣,岂有违背之理?若为假,我发兵夺权,必定使国家再次陷入战乱,生灵涂炭。与其这样,不如以己之身,换天下苍生太平。

我不后悔。

------------------------------分割线------------------------------

最后一次更了,再见朋友们。

终其一生,为儿为臣。

我问心无愧,没有半分后悔。

若可有遗愿,我希望,秦国昌盛万代,百姓喜乐安康。

 赞同 6.5 万      7,988 条评论

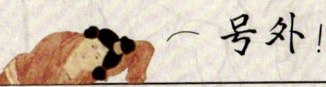

《曹家早知道报》
CAOJIAZAOZHIDAOBAO

发售啦

文 明戈

　　我叫曹植，别看我年幼，但已能诵读《诗经》《论语》，先秦两汉辞赋，诸子百家也有涉猎。每次被父王提问我都能轻松应对，出口成章。旁人都夸我才思敏捷，谈锋健锐。

　　可今日父王前来看我，见我伏于案边写文，拿起看后竟问："你是不是有枪手代写？"

　　我很气愤，便直面父王回道："言出为论，下笔成章，顾当面试，奈何倩人？"

　　父王听我如此回答很是开心，奖励我晚饭加两个鸡腿！

《新人报到帖》——曹植
《曹家早知道报》7刊 203年

《男儿当自强》——曹植

《曹家早知道报》 22刊 207年

我已到了束发之年，今年也随父亲多次出征。

一月东临沧海，消灭了袁绍的残留部队，父亲东临碣石威风不已，我也想做一位像父亲一样的将士！

九月北征柳城，黄沙漠漠，狂风四起。我军一直打到乌桓人的营帐前，虏众大崩，斩蹋顿及名王已下，胡、汉降者二十余万口。将士激昂的士气令我内心激动，溢于言表，特此作《白马篇》献上。

白马饰金羁，连翩西北驰。借问谁家子，幽并游侠儿……名编壮士籍，不得中顾私。捐躯赴国难，视死忽如归！

本人曹植于此立誓，不论何年何月，身处何地，只要国家需要我，我便愿意为国家贡献自己的全部力量！至死不渝！

今日父王的铜雀台落成，文武百官前来祝贺。早听闻父王要召集一批文士"登台为赋"，我也想见识见识大家的功夫，便也混在其中。

登至台上，这高台何等宏伟壮观，眼前的景色何其壮阔雄浑！周围人才济济，想到国家被父亲治理得如此繁荣昌盛，我不禁心中激荡，脱口为赋，一气呵成。

等我全部诵完，在座的文士都瞪圆了眼睛齐刷刷望向我，台上鸦雀无声。我以为自己做错了什么，正诚惶诚恐，父王猛地站起来，热泪盈眶开始鼓掌。

"好！说得好！来瞧瞧，这是我儿子！"

在场的所有宾客也都纷纷放下笔，由衷地点头赞美。

我不过是过去凑凑热闹罢了，没想到这篇《登台赋》竟能获得如此赞誉。

现附小段，还望大家品评。

从明后而嬉游兮，聊登台以娱情。见太府之广开兮，观圣德之所营……同天地之矩量兮，齐日月之辉光。永贵尊而无极兮，等年寿于东王。

《感恩》——曹植

《曹家早知道报》 25刊 210年

从小同父亲南征北战，见过了太多流离失所，残垣断壁。

虽说我更像个文人，但我也渴望能够建功立业，平天下战乱，带给众生太平。我想证明自己有眼界，有谋略，只是有时会觉得力不从心。

丁仪他们说会支持我当世子，可说到底，是不是世子都无所谓，只要能为国出力，怎么样都行。唉，我可能是喝多了，也不知道自己在说什么。

《酒后感悟》——曹植
《曹家早知道报》 29刊 214年

震惊！曹植醉酒擅闯司马门！

《曹植喝大了》——管家　　《曹家早知道报》 32刊 217年

《检讨书》——曹植

爸爸我错了。

那天天气极佳，正赶上朋友送来几坛好酒，我一不留神就喝多了。

我不该趁着酒兴，私自坐着王室的车马擅闯司马门。您曾经三令五申那禁道只有帝王举行典礼才能走，可我却一直晃到了金门。我也是醒酒后才知道自己做出如此大不敬之举，爸爸我真的不是故意的（大哭），我都喝断片了。

听闻您已经将掌管王室车马的公车令处死了，还望您原谅我这酒后失态，万万不可气坏了身子。

【追评】曹操：晚了。

通知 ——曹操

曹植纵酒忘形，文人气过重，屡教不改！令人失望至极，不可担当重任！本王现决定，立曹丕为世子，即刻生效。

《悲痛！》——曹植

今年真是流年不利！

父亲患头风病多年，正月突然病重去世。我还未从父王撒手人寰的悲痛中走出来，就听闻昨日汉献帝竟然宣布退位，还将皇位"禅让"给了哥哥？

我怎会不知那是文武百官联名上书，汉献帝为了保住性命，才不得不把皇帝的玉玺交给哥哥，哥哥自封魏王，彻底取代了汉献帝！

父亲去世之时曹彰来找过我，我本有选择……算了，事到如今不提也罢。

难受了多日，终于写完了《魏德论》。

前一阵因为我发服悲哭，哥哥觉得我暗搓搓地不肯承认他的皇位。为了巩固统治，让我写了一堆诗文来论证魏国的正统性，告诉大家天下就应该是我们家的。

唉，可我并不想写这些，我想做些对国家真正有用的事。可我能感觉到，自己被排挤在外了。给我个职位吧，我想为国效力。@曹丕

【追评】曹丕：哪来的废话。

《我当皇上了，低调》——曹丕

《曹家早知道报》35刊 220年

哈哈哈哈哈哈哈哈哈哈哈哈爽！

【追评】司马懿：为你骄傲！

《苦就一个字》——曹植
《曹家早知道报》 36刊 221年

当王侯的日子并不好过。说起来好听,可我不过是个被圈起来的囚徒罢了。

前些日子,我的寝屋漏雨了,可连个修补的材料都没有,我只能从朽坏的宫殿里拆原料。我想祭拜一下父亲,可上报给朝廷后,被当今圣上一纸诏命驳回了。

就连监国使者灌均也欺负我,一步不落地跟着我,就盼着我做出什么错事,唉,我昨日还不小心推了他……丁氏一族已经被满门抄斩了,若不是有血缘关系的缘故,恐怕我也……

我不过想为国家做些事,我有错吗?

【追评】曹彰:兄弟,我日子也不好过啊。

唉呀兄弟。

听闻曹植近来对我很是不满,屡屡惹是生非,甚至"醉酒悖慢,劫胁使者"!这岂不是公然不把我的威仪放在眼里!难不成他还要造反吗?

来人,将曹植流放到临淄边海,以待发落!

【追评】曹植:哥哥我冤枉啊!

【追评】博士A:卑职建议"可削爵土,免为庶人"。

【追评】曹丕 @ 博士A:我看行。

【追评】官员B:属下认为可以直接赐死。

【追评】曹丕 @ 官员B:这个好!

【追评】卞后:丕儿!他是你的亲弟弟啊!你怎可要他性命!还望圣上三思!

【追评】曹丕 @ 卞后:……好的母后我知道了。

【追评】曹植 @ 卞后:谢谢妈妈救命之恩!

《佞臣贼子,绝不姑息!》——曹丕

《好好活着》——曹植

若不是母后出手，经过那监国使者之事，我早就丢了性命。前两天，被圣上改封为安乡侯。虽挂名是个王侯，可身下并无封地。不过能活命我已经很满足了。

为了表示我毫无异心，我还抄了一份那监国使者告发我的奏章，和三台九府上奏的文书放在身边，朝夕讽咏。

【追评】曹丕：算你听话。

【追评】曹植 @ 曹丕：那哥哥我能为国出力吗？

【追评】曹丕 @ 曹植：做梦。

真不省心！

《洛神赋》——曹植

黄初三年，余朝京师，还济洛川。古人有言：斯水之神，名曰宓……命仆夫而就驾，吾将归乎东路。揽騑辔以抗策，怅盘桓而不能去。

我被圣上改封为鄄城王，这《洛神赋》是我回鄄城途中写的。短短几年，我被改封多次，每次在当地干得稍有起色，便会被派到一个新的地方，然后从头再来。如今我已是而立之年，唉！

洛神真美，我对她的追求，就像我一心报国的赤子之心。

可我怎么追求，都追不到她，就像我怎么努力，也是报国无门。

【追评】曹丕：小心点，我盯着你呢。

【追评】曹植 @ 曹丕：嗯嗯，您看到我写的《上先帝赐铠表》和《献马表》了吗？

【追评】曹丕 @ 曹植：看到了。

【追评】曹植 @ 曹丕：皇上，我不再想着被提拔了。

皇上去世了 ——曹植

《曹家早知道报》 41刊 226年

挺难受的,不知道说什么。

很多人说他死了我应该开心,因为他是我的死对头。

可说到底我从未想争什么王位,不过当时的风口浪尖把我推到那里了,让我无从选择。我不恨他,只恨没有被器重、被信任。"追慕三良,甘心同穴",我说的并非假话。

有件事我一直未告诉他。父亲死的当日,曹彰快马加鞭来找我,告诉我父亲让他辅佐我上位翻盘。而我当时手里有军队,有拥护者,有名望。

曹彰的话是真是假已经不重要了。我没有那么做,不是因为戾,而是我明白"不违子道"。

南山的梅花开了。

我很想念他。

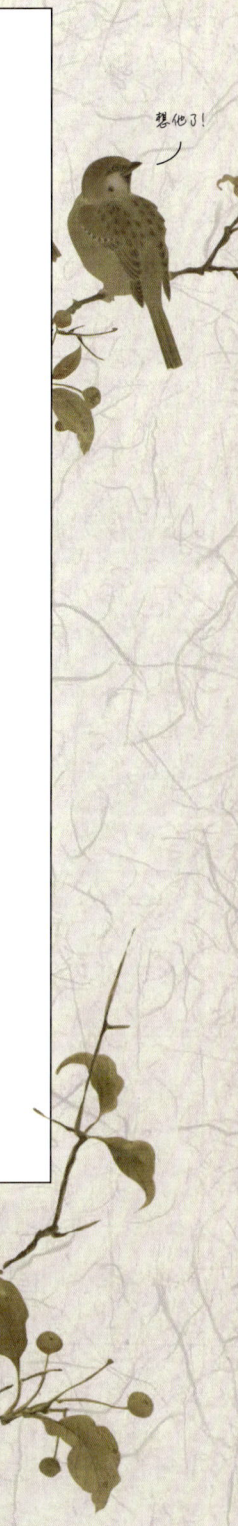

想他了!

《一些随想》——曹植
《曹家早知道报》 42刊 227年

前几日写了一篇《慰情赋》："黄初八年正月雨，而北风飘寒，园果堕冰，枝干摧折。"

还是经朋友提醒才想起来，哥哥去年就去世了，随后侄子曹叡继位了，哪里来的黄初八年，我也不禁失笑。

众人都不理解我，这么多年只觉得我惨，只觉得我傻。我的确是惨，惨在不得兄长信任，报国无门。可我从不觉得自己傻。因为即使重来一万次，那满城缟素下，我也绝不会联合曹彰造反。

到头来，我也不明白自己究竟做错了哪件事，对不起过什么人。

若说一定要有，那便是对不起我自己吧。

白云苍狗，那个锐气万丈挥毫书写《白马篇》的少年，我终是负了他。

《写给魏明帝》——曹植

"权之所在,虽疏必重;势之所去,虽亲必轻。盖取齐者田族,非吕宗也;分晋者赵、魏,非姬姓也。惟陛下察之。"

这是我最后的上表,圣上一定要多加留心异姓势力!

【追评】曹叡: 写得情真意切,但我不可能提拔你。

公元 232 年,曹植颤抖着手,合上这卷落满灰尘的册子。

他不知道 19 年后,天下真的如他上表所说,落入司马姓手中。

他望向鱼山的方向,眼中似乎有泪水,但更多的是不甘和茫然。世人皆赞叹他的《登台赋》和《洛神赋》出神入化。可他闭上眼时,嘴里念叨的却是 16 岁时写的《白马篇》。

"捐躯赴国难,视死忽如归。"

在那个世界,那个他理想的世界中,那个一心报国的热血少年一定会收到那条回复吧。

【追评】曹丕: 弟弟,魏国需要你,哥哥相信你。

叹一曲人生多艰

第二章

任·务·单

请愿人：嵇康

朝代：三国

任务背景：三国曹魏时期，司马氏篡夺曹魏政权，但仍有许多亲曹魏人士不肯归顺司马氏，于是逐于山水间，放浪形骸，形成独特的魏晋风流。

请愿人身份：嵇康，字叔夜，三国时期曹魏名士，"竹林七贤"之一，拒为司马氏效力而归隐林间，后因不屑攀附司马氏麾下的官员钟会，被记恨陷害入狱。

执行人：02号

备注：无

进入世界

嵇康端然坐在恶气熏天的牢房里，仔细算算，明日便是问斩的时候了。一首《幽愤诗》落笔即成，狱卒恭敬地双手接过，偷偷溜出去交给阮籍他们。

嵇康慢慢呼出一口气，他不畏死，只是感慨这场无妄之灾，自己明日也会像世上所有生命的归宿那般凋零。

正想着，牢狱上头忽然亮起白光来，嵇康新奇地瞧着，只见一道人影朝着自己直直砸来，"哎哟"一声，嵇康被你压倒在茅草上。

1

疼死了，回去得投诉这鬼系统。

你摔得眼冒金星，半天爬不起来，伸手无意一摸，隔着衣料摸到了一个温热的胸膛。嗯？谁在你身下垫了一下？不会砸死人了吧……

你又摸了摸，对方的胸口正起伏着，还好还好，活着呢。

你好像忘了什么。

"你是?"身下的男子正惊讶地盯着你,火光幽暗,勾勒出他硬朗的面庞,尘土满面,掩不住五官的清俊。

"真是世风日下,司马氏掌权以来,连采花贼都如此嚣张了?"他悠悠道。

男、男、男的!你"哎呦"一声,忙起身退开,听他再出声:"叔夜一介将死之人,哪怕有仇,也不急着现在砸死我吧?"

"谁要砸死你?我救你还来不及。"你瞪他一眼,脸仍发烫,"我听见你的心愿,特来想法子捞你出去。"

考虑到环境特殊,系统给了你一炷香时间的隐身 buff,除了嵇康本人,没人能瞧见你。

嵇康缓缓坐起,掸去衣上碎草,一声朗笑:"我随意想想,上天还真派神仙来救我了?"

你赶紧冲过去捂住他的嘴:"别嚷,让我想想怎么救你。"

不好办。

想救嵇康的不止你一个。嵇康作为文坛领袖,外面三千太学生跪着求情呢,竹林七贤其他人也都在四处奔走,无奈钟会就是死咬着不放……你决定还是看看手里的卡牌。

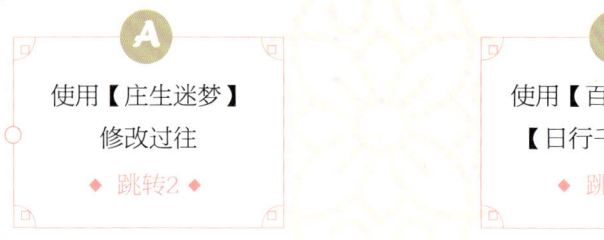

②

任务成功率 80%

"你不着急吗?你快死了。"

"每个人都会死。"嵇康平静回答,"只是不想让钟会那小人得逞罢了。"

钟会……你猛然想起,钟会早年其实仰慕嵇康,曾带着自己写的《四本论》来给嵇康看,无奈三年过去嵇康仍无回音,钟会就此记恨在心。

如果一开始就消除钟会的仇恨，岂不就能破开死局了？你一跃而起，拿起卡牌："走走走，照我说的做，保你活下来！"

"去哪？"

"回你家！"

你让嵇康过会儿好好接待钟会，他静静听着，脸上没有你想象中的狂喜。片刻后，你们已站在林间一处院落门前，嵇康的声音里这才带了几分喜悦："你还真有法术？"

"当然。"

嵇康望着自己的小院，眼里感慨万千，时而激动，时而叹惋。随即他像是下定了决心似的，拽起你的手往院里走，嵇康身材瘦高，此时归入林间，仿佛修长清朗的竹一般。

你看得痴了一下。

"你干吗？"

"难得回来，不带你参观参观岂不可惜？"嵇康大笑。

你诧异地发现，他的喜悦源自这个小院，而非逃出生天。

嵇康拉着你在这片碧色里转来转去，转至后院，你看见柳树下是他自己搭的打铁棚子，山泉被引入院中作池塘，潺潺流淌，照映左右。

"我平时就在这儿打铁，累了就在池里泡着歇一会儿，如何？"他逐一向你介绍着，神采奕奕，仿佛兴致勃勃的孩童。

他的确是个极有雅趣之人，你连连点头，却不忘叮嘱："过会儿钟会……"

而嵇康不知何时已开了一坛酒，咕咚咕咚地喝了几大口，酒顺着他的下巴肆意流淌。他喝完一抹嘴，把酒坛子递给你："来，喝！"

"不了不了，喝酒伤身。"

"你亏大了，平时可只有阮籍他们才能喝到我这酒。"嵇康咂咂嘴。

你："那个，钟会……"

嵇康嚷着要去打铁，你忽然听到院外响起脚步声，忙一把拽住他。你俩在窗下探头，见钟会拿着本书纠结地走来走去，时而抬手要敲门，时而放下。

"他干吗？"你小声问嵇康。

嵇康蹲在你身旁，也小声答："他想让我看他的书，又怕我瞧不上。"

你："那你瞧得上吗？"

嵇康不假思索道："瞧不上。"

你："……"

钟会纠结了好一会儿，咬牙转身离去，你慌忙起身要追，"哎"字刚准备脱口而出，忽然被嵇康一把拽回，撞在他的胸膛上，跌坐在他怀里。

你刚愤怒地抬起头，就被他紧紧捂住了嘴。

嵇康低垂眉目笑着看向你，抬手做了个嘘声的动作，如此之近，你看清他长长的睫毛，以及黑眸中一晃而过的思绪。

他作甚？

院外，远去的钟会竟不甘心地折回，干脆将书掷在了你们院里，这才匆匆逃走，那神情和你给爱豆递花时一模一样。你恍然大悟，一拍脑门，连忙冲出去把书捡回来，如获至宝地递给嵇康看："原来你一直等着这个时机……"

你话音未落，只见嵇康接过淡淡地瞥了一眼，随手丢进火堆："攀附司马氏之辈，这等人的字句，不值一看。"

你惊呆了，有种发动【百战百胜】KO他的冲动。

"你有毛病啊！"你才顾不得什么古人礼节，悲愤大喊。

"消消气。"嵇康却反而笑着拍拍你的头，好似撸一只炸毛的猫，心不在焉地递给你一坛酒，"喝吗？"

这人半点求生欲都没有吗？这还如何救？

任务成功率 2%

是否放弃本次任务？

3

有的任务注定无法完成，因为有的竹子注定无法被折断。

"嵇叔夜，我明白了。"你道，"我送你回去吧？"

"也好，那咱们一醉方休？"

你陪嵇康喝了个大醉，终究送他回到了那恶气熏天的牢狱，第二日，你站在刑场送行的三千太学生之中，望着他坦然步上高台。

离行刑还有一段时间，嵇康高声道："拿琴来！"

嵇喜快步将琴送上，你见嵇康端坐高台，再抚最后一曲《广陵散》。

暮色如血，琴音激昂，肃杀四方，震彻秋风。

一曲终了，血色飞溅。

《广陵散》绝矣。

达成结局【广陵绝响】

4

冷静，你是专业……书都快烧没了啊！你一个饿虎扑食，将快烧没的书抢救出来，几脚踩灭火苗，却发现书早已焦黑，你双手捧着残页欲哭无泪，还被烫得隐隐作痛。

嵇康没料到你如此英勇，目瞪口呆地站在一旁，等反应过来，他快步打水回来，抓过你的双手细细清洗："你这个人，救不了我，放弃就是，也不必做到如此程度吧？"

清凉的水流拂过手指，你疼得龇牙咧嘴："我就知道你不想死。"

"谁会故意寻死……"嵇康低笑一声，欲言又止。

史书上记载，三年后钟会功成名就，不甘当年被冷落，会再来拜访一次。还有第二次机会！你很快振作起来："问题不大，我都翻过你死后的记载了！"

嵇康一抬头："嗯？"

"咳咳，反正我有办法。"

他轻轻地笑了："你真是执着。"

你白他一眼，第二次发动了【庄生迷梦】，叮嘱他这次一定要抓住机会逆转命运。

时间快进至几年后。这次院中已然多了几分萧瑟秋意，距离钟会等人过来还有些时辰，嵇康挽起长袖，兴高采烈地步入后院准备打铁，要你帮忙拉风箱。

"呲、呲……"

史书上拉风箱的人本是向秀，此时换作了你，你偶尔抬头，嵇康的脸上没有如常的笑意。

他用自己的方式迎接着钟会的到来，迎接着司马氏的再一次拉拢。

不一会儿，门口响起诸多马蹄音，钟会这次锦衣华贵，直接推门而入，脸上带着报复似的得意，望着你们。

你知道，他是要一雪前耻，他要看着嵇康对自己惶恐相迎。

他要让嵇康向他背后的司马氏低头。

你心中忽地升起一股难以言喻的感觉。

你们都静静地等着。

嵇康也没有说话，打铁之音一声比一声有力。你终于明白这种感觉是什么，嵇康锤的是铁，也是这改名换姓的山河！

锤碎方休！

半晌。

钟会目光阴冷，领人拂袖而去。嵇康的锤声终于停了，他轻蔑地朗声问道："何所闻而来，何所见而去？"

钟会冷哼一声："闻所闻而来，见所见而去！"

目送着钟会等人愤然离去的背影，你一声长叹，听见嵇康平静的声音再次响起："采薇山阿，散发岩岫，你明白我心中所想了吗？"

有些人宁死也学不会低头。

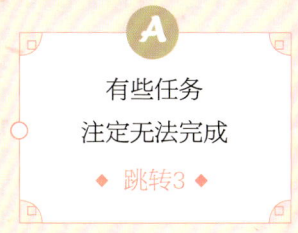

有些任务
注定无法完成

◆ 跳转3 ◆

道理你都懂，
可你不甘心

◆ 跳转7 ◆

5

任务成功率0%

有些事不拼怎么知道成不成功？

你当机立断，先拿出一张【百战百胜】劈开大牢锁头，拽着嵇康就往千里外飞奔，在一片此起彼伏的"嵇康越狱啦"的喊声里，你们转瞬来到了千里之外。

直到你松开嵇康，他还没从震惊里缓过神来。

"怎么样？我说到做到。"你得意地拍拍他的肩。

他沉默着。

你疑惑地望过去。

"我宁可赶赴刑场。"嵇康肃然道，"这天下已属司马氏，如今连隐居竹林也不能，纵然再逃，又能逃到何处去？"

你也沉默了。

后来果然如他所说，这天下已不容他，不久后便有官兵匆匆赶来将他押走，赶赴刑场。

任务失败。

达成结局【亡命刑场】

6

"够了，我不救你了，你的愿望我实现不了，我走了！"

嵇康拎着酒坛，淡淡问道："我的愿望不实现，你就会失败？"

"当然！"

他似有所思，忽然低低笑了声，竟有种如释重负之感。嵇康自顾自地找来杯子，倒了杯酒递过来:"临走之前,喝一杯?"

你郁闷地瞅着他,有些心软,喝空这杯酒才离开。

任务成功——

怎么回事?

系统提示您,请愿人嵇康已将心愿换成【敬您一杯酒】,恭喜您完成任务,即将前往下一个世界。

达成结局【白衣送酒】

7

你沉默不语。

嵇康叹了口气,慢慢放下铁锤,望着池边不语。

"从一开始,你就不希望我救你。"

"我说过没有人会故意寻死……"他背对着你,如玉山巍峨临水而立,"只是不愿折腰罢了,你想成功,我便换个心愿让你成功,如何?"

他哪里是想死,他只是不屑那样活。

"你……"他这态度让你莫名愤怒,你恶向胆边生,快步过去一把将他推入池中,高声怒道,"反正死的是你,不是我!"

哗啦——

嵇康跌坐在浅池里,诧异地抬头看你,见你愤怒的表情,他忽然毫不留情地一伸手,也将你"哗啦"一声拽入了水中。你们在冷水里扑腾拉扯,全身湿透,狼狈得很,望着对方的狼狈模样,不知是谁先停战,还"扑哧"一下笑出声。

最后你们一齐大笑,响彻山林。

嵇康笑得摇摇晃晃,你不知是他笑中带泪,还是他脸上有未拂去的水珠。

你分辨不清,只顾着在秋风里瑟瑟发抖。

嵇康为你披上他的衣物,点起火堆,陪你烤火到天暗。临别之际,他在你身旁抚琴高弹一曲，琴声铮铮，转而肃杀，你眼前恍惚，依稀得见当年聂政刺韩王，壮士不复还的场景。

"壮士不复还……"你轻轻吟唱。

嵇康仰头长笑："便以《广陵散》作别，珍重！"

"珍重。"

任务成功——

请愿人嵇康已将心愿换成【夜弹一曲】，恭喜您完成任务，即将前往下一个世界。

达成结局【绝响作别】

王勃

不要崇拜我，我只是个天才

文 周公子

-01-

公元650年，王勃出生于山西龙门的一个名门望族。族中牛人如云：爷爷王通是隋末唐初的教育家，哥哥王勔（jù）是个天才少年，20岁就考中了进士。

而王勃更牛，6岁开始写文章，"构思无滞，词情英迈"；9岁时读隋唐超级大儒颜师古注释的《汉书》，居然给老颜挑出了一箩筐的错误，撰了十卷长文名为《汉书指瑕》；13岁开始到处给官场政要投简历找工作；14岁直接上书当朝宰相，直抒政见，针砭时弊，宰相读罢击节赞叹，大呼神童，当即就向朝廷人事部写了封推荐信；15岁呈《乾元殿颂》；16岁已成为朝廷最年少的命官……

名声大震，年少得志。

王勃在十几岁时已经站在了绝大部分人一辈子也到不了的高度，前途犹如探照灯，光芒耀目。站得越高也意味着，如果哪天一脚踏空就会摔得越惨。

-02-

　　有才华的人向来不缺机会。

　　到长安没几天，自带神童光环的王勃就被沛王挖到自己王府做编辑。从此鱼跃龙门成了土豪皇二代的好哥们，一帮未成年人整天一起上街喝酒，斗鸡泡妞。

　　可惜天才的人生注定是坎坷的，风光过后，老天爷决定开始虐他了。当时，唐代上流社会的王公贵族们都流行玩斗鸡，沛王和弟弟英王更是当中的资深玩家。

　　一次兄弟俩又组织了斗鸡大赛，沛王就命王勃写一篇斗鸡的檄文助威，也相当于向英王的鸡下战书。

　　没想到王勃随手一写就刷了屏，这篇文采飞扬的《檄英王鸡文》被斗鸡爱好者们疯狂转发分享，还在留言区热烈讨论到底哪个王爷的战鸡更厉害，就差没设赌下注了。

　　然而，就是这么一个未成年人玩耍逗乐的小插曲，让王勃在青云直上的路上来了个急刹车——唐高宗看到这篇檄文勃然大怒，下令将王勃逐出王府，解除一切职务。

　　就这样，一个位居初唐诗坛四大天王之首的青年文豪兼朝廷命官，一下子成了一个无业游民。

　　一个阳光惨淡的午后，王勃背起单薄的行囊黯然走出了沛王府，站在人来人往的大街上，他轻轻叹了一口气：而今之后，当何去何从？

-03-

　　刚刚失业的王勃，决定来一场说走就走的旅行，毕竟生活不止有眼前的苟且，还有诗和远方。

　　嗯，不如就去蜀州吧，正所谓"莫愁前路无知己，天下何人不识君"。

　　四川的各地官员听说文坛天王要来了，一个个都激动得睡不着觉，纷纷派下属到驿站围追堵截，偶像所到之处不仅管吃管住，还兼陪游山玩水。

在这期间的某个深秋之夜，十九岁的王勃在皎皎月色下又写出了一首撼动诗坛的作品——《江亭夜月送别》。

乱烟笼碧砌，飞月向南端。

寂寞离亭掩，江山此夜寒。

原来，别情也可以写得如此优美含蓄。简单的二十个字，没有泪水涟涟，也没有依依不舍，所有的离情都凝在一个"寒"字之中，着此一字而境界全出。

这，就是高手。

跋涉了一个又一个城市的山水，别过了一拨又一拨的粉丝，一晃居然三年已过。

嗯，是时候回长安了，我还年轻，应该有所作为。

-04-

回到长安后，在朋友的力荐下，王勃去做了虢州参军。但王勃怎么也没想到，一入官场，老天爷又开始虐他了，而且虐况升级，彻底翻车——在虢州他一时心软私藏了一个逃跑的官奴，后来怕被人举报，居然一时糊涂把官奴给杀了。

完了，杀人偿命，死罪已定！

就在大家都在唏嘘感叹一代天才即将陨落时，王勃却注定命不该绝，适逢唐高宗更改年号，天下大赦，他就此逃过一劫。

死里逃生后，王勃彻底断了对仕途的念想。他最想做的事就是漂洋过海去交趾（今越南境内）探望被自己连累了的父亲大人。

此时，正在打点行囊的王勃，并不知道自己即将迎来人生中真正的巅峰时刻。

巅峰到光芒万丈，力透千古。

-05-

高宗上元二年，王勃出发探父。

在秋天路过了洪州（今南昌），既然到了此地，自然要登临天下闻名的滕王阁。

无巧不成书。

洪州的阎都督因为重修了滕王阁，正打算趁着重阳节放假，在阁内举办个文学派对，听说王勃恰好路过，阎都督赶紧差人送上了邀请函：现在天王落魄，不用出场费就可以拉来充门面，不请白不请！

宴会之上，酒过三巡，阎都督热情号召大家选派代表为本次重阳赛诗会作序一篇。

古代文青们聚在一起写诗，总要挑才华最高、大家都服的那个人出来先写一篇序，比如王羲之同学写过著名的《兰亭集序》。

那么阎都督是否也是如此爱才敬才呢？

答案是，认真你就输了，因为这次人选早就内定了——都督的女婿吴子章早已提前写好了一篇稿子，打算在派对上一鸣惊人，顺便为自己的公号挣点真爱粉。

在座的客人心知肚明，都装傻充愣推辞不写。

吴同学按捺不住正准备闪亮登场，忽然，只见王勃放下手中啃了一半的鸡腿，高声道："同志们，让我来！"

哇，IQ 满分，EQ 负分啊！

半路杀出个程咬金，阎都督那是一百个不高兴："好好好！you can you up！我先去换件衣服。"

王勃："好的，您且瞧好吧！"

都督拂袖而去，坐在帐后暗自思忖：这是哪门子的天王啊，摆明就是个愣头青！他气不过便差使手下人去看看那小子到底写了些什么，是不是真的比自己女婿牛。

不一会儿，一吏匆匆来报："他写了'豫章故郡，洪都新府'。"

都督不以为然："不过是老生常谈，谁人不会！"

又一吏来报："他又写了'星分翼轸，地接衡庐'！"

女婿说："切，就这我也能写！"

手下再报：

"襟三江而带五湖，控蛮荆而引瓯越。"

"物华天宝，龙光射牛斗之墟；人杰地灵，徐孺下陈蕃之榻。"

"雄州雾列，俊采星驰。台隍枕夷夏之交，宾主尽东南之美。"

都督和女婿都不说话了，意味深长地互看了一眼。

王勃看到都督躲在帐后不出来，心想，好吧，毕竟是你的场子，且让我捧你两句：

都督阎公之雅望，棨戟遥临；宇文新州之懿范，襜帷暂驻。十旬休假，胜友如云；千里逢迎，高朋满座。腾蛟起凤，孟学士之词宗；紫电青霜，王将军之武库。家君作宰，路出名区；童子何知，躬逢胜饯。

呵呵，你们以为我王勃真的情商低吗？所谓人情世故，我们天才不是不懂，而是不屑。毕竟天才的使命就是要尽情挥洒自己的才华啊！让我们韬光养晦，低调做人？哼，不屑一顾。

写到这里，王勃极目四望，只见远处天高云淡，澄江如练，波光山色交相辉映。近处则是楼阁错落，丹漆流彩，一时无限灵感涌上心头，一句句神来之笔飞逸而出：

时维九月，序属三秋。潦水尽而寒潭清，烟光凝而暮山紫。

……

云销雨霁，彩彻区明。落霞与孤鹜齐飞，秋水共长天一色。

渔舟唱晚，响穷彭蠡之滨，雁阵惊寒，声断衡阳之浦。

每一句都是一幅绝美的风景大片啊！而且，还是动态的！

听手下人报到这里，阎都督和女婿再也坐不住了，他们知道一篇千古奇文即将横空出世，于是屁颠屁颠跑出去见证历史。

当阎都督看到王勃因感时伤怀写下"关山难越，谁悲失路之人；萍水相逢，尽是他乡之客"时，已经完全忘记了女婿的存在，忍不住愉快地拍起了小胖手："此句对仗已到极致啊！天才啊，天才！"

然而，接下来王同学并没有停留在自怜自艾，而是笔锋一转，志存高远：

冯唐易老，李广难封……老当益壮，宁移白首之心？穷且益坚，不坠青云之志。

阎颜都督此时已彻底变身王勃的24K纯金脑残粉："嗯嗯，这碗鸡汤我干了！"

一番挥洒之后，王勃觉得差不多了，前面这些内容估计已经把大家镇得七荤八素了，来个谦虚点的结束语吧！

临别赠言，幸承恩于伟饯；登高作赋，是所望于群公。敢竭鄙怀，恭疏短引；一言均赋，四韵俱成。请洒潘江，各倾陆海云尔……

大家读完这篇一蹴而就的古今第一骈文后都彻底傻眼了：

音律、对仗、辞藻、典故——已然把汉字的美感发挥到了极致啊！

而且有景有事，寓情于理，一篇序文写尽所有，我们还有什么可以发挥的啊？！回家洗洗睡还差不多……

"揽汉唐人文成一序，绝江山美景于片言。"

一篇限时命题作文写成这样，说是"前无古人，后无来者"，亦不为过。

-06-

上元三年冬，年度爆文《滕王阁序》已经刷屏刷到了长安。

一天，唐高宗也读到了这篇序文，忍不住狂拍大腿："此乃千古绝唱，真天才也！王勃现在在哪，快把他找来，朕要跟他合影求签名！"

太监支支吾吾："这个……那个……人已经挂了哎……"

是的，一篇横绝千古的《滕王阁序》，耗尽了王勃一生的时运。就在这一年的夏天，他于探望父亲的归途中渡海溺水，乘风而去。

他只活了短短的二十六个春秋。

王勃的早逝仿佛是冥冥之中的天意。毕竟，这才初唐啊，照这个节奏下去，你让"绣口一吐就是半个盛唐"的李白和"草堂留后世，诗圣著千秋"的杜甫还怎么出场？

算了，你还是提前回天上做神仙吧。

看到这，那些遇到一点点挫折就喜欢说自己是天妒英才的人，摸摸你们的良心痛不痛？

什么叫天妒英才，这才是真正的天妒英才啊！

对王勃来说，《滕王阁序》之后，某种意义上来讲，他已经实现了生命的永恒——永远活在千年前那个"落霞与孤鹜齐飞，秋水共长天一色"的午后，他的诗文也将永远辉映在初唐诗坛的天空中，成为最瑰丽的一颗星。

JUEDAICAIZI

李煜

绝代才子，末世帝王

文 采薇

公元 978 年，宋朝。

李煜举着酒杯，已然喝醉了。

亡国之痛，囚禁之辱，皆没入了金樽玉液中。他一杯接一杯地饮下，直到身边妃嫔宫娥的面容都变得模糊。

饮宴、美人、歌舞、佳肴，这些事物他再熟悉不过，可国已不是那个国，人又何曾是那个人？

习惯性地，他挥毫泼墨，将一腔忧郁尽付词中。

春花秋月何时了，往事知多少？小楼昨夜又东风，故国不堪回首月明中。

雕栏玉砌应犹在，只是朱颜改。问君能有几多愁？恰似一江春水向东流。

写完，李煜将词句交给歌妓，并命她即刻咏唱。

哀婉的乐声缓缓奏起，李煜闭上双眼，两行泪水缓缓流入鬓发。

没想到这歌声最后传入了宋太宗的耳中。听着侍从的汇报，赵光义阴沉的眼眸中闪出了冰冷的杀气："故国？往事？看来他李煜仍旧心怀恨意，这样的人留着实乃心腹大患。来人，将牵机药赐予他。"

在人间挣扎了四十二年，绝望中的李煜，终于在七夕之时获得了解脱。

而这首《虞美人》，也成了他的绝命词。

其实李煜的人生开局并不算差，一出生便是李璟的第六子，自幼便显露圣人之相，丰额骈齿，一目重瞳，又善诗文，工书画。这样含着金汤匙出生的人，有资格要这世间最好的事物。

所以有人评价他"尚奢侈，好声色"。

他喜欢用嵌有金线的红丝罗帐装饰墙壁，以珍贵的玳瑁做钉子，拿绿宝石镶嵌窗格，把朱砂糊在窗上。

他喜欢梅花，便在屋外种下一片梅林，于花间建起彩画凉亭。美酒美景，醉饮其间，天下再没有比这更恣意的事。

他喜欢锦绣，每逢自己的生日，便会命宫人拿出百余匹红白两色丝罗，做月宫天河之状，然后通宵达旦地吟唱作乐，直至天明时分才散去。

他曾写下许多词，来记录这样的宫闱之乐。

晓妆初了明肌雪，春殿嫔娥鱼贯列。笙箫吹断水云间，重按霓裳歌遍彻。

盛大的宫廷夜宴，一片绮丽精致的景象。宫娥们刚化完妆，容颜娇艳，肌肤胜雪。她们排列整齐，翩跹步入殿内，映衬得整个厅堂璀璨如华。笙箫精美，裙摆飞扬，旖旎柔情，歌舞升平，好一派纵情声色的真实写照。

甚至是爱情，他也有了最好的。

他的妻子周娥皇，是他最好的知己。娥皇通晓史书，深谙音律，尤工琵琶，无论采戏弈棋，无不精妙佳绝，连容貌也是一等一的。

李煜为她辟专房，对她宠爱有加。娥皇本就雪莹修容、纤眉范月，更自创了"高髻纤裳"和"首翘鬓朵"等妆容，令李煜大加赞赏。其纤丽袅娜、优美动人之处，引得后宫诸人争相效仿。

他俩雪夜畅饮，娥皇笑着请李煜起舞。李煜也不恼，只笑着说："若要我起舞，除非你能为我新谱一曲。"娥皇随口吟唱，挥笔即就，写下一首《邀醉舞破》，在南唐广为流行。

甚至他俩的孩子也十分聪慧可爱。一家人共享天伦，再没有比这更幸福的时候了。唯一的小危险，是因为李煜貌有奇表，引得太子猜忌。

这也好解决，李煜醉心经籍，纵情山水，不问政事，还给自己起了很多的别号，像"钟峰隐者""莲峰居士"等，以表达自己无意于争位。

也许是这样的人生太美好了，好得上天都嫉妒。于是命运大笔一挥，为他的美好画上了一个期限。那期限没有别的，只有四个字：南唐，北宋。

公元959年，太子病逝，大臣钟谟上书李璟，说李煜沉溺佛教、懦弱少德，应立他人为太子。李璟大怒，流放钟谟，封李煜为吴王，入主东宫。

公元961年，李璟病逝，李煜在金陵登基。王位这把枷锁，终于还是套在了李煜的脖子上。

李璟还在位的时候，南唐多有战事，已经国力损耗，逐渐走向危亡。李璟只得向宋称臣，减制纳贡。等到李煜即位时，情况变得更糟。南唐国势已败，赵光义虎视眈眈，李煜即便雄才盖世，也无力回天，只能消极守成。

平心而论，李煜不是个多好的国主，但也不算太坏。他多次向宋表达臣服尊奉之意，只求国祚能苟延残喘；他重用旧臣，稳定高层心理，重视科举，看中人才选拔的公平和公正；他爱民如子，减免税收、免除徭役，与民休息。

他暗中缮甲募兵、潜为战备、坚壁清野，反复征战以牵制宋军力量，甚至使赵光义产生动摇，想过撤军修整。

但他也醉心艺术，痴迷佛法、纵情声色、心志不坚。这南唐国最终还是亡在了他的手上。

于是他被俘入宋，开始了囚徒的生涯。

囚徒的生活自然是不怎么好的。不仅没有自由，还饱受屈辱，日子过得战战兢兢。更令人难熬的，是对故国的思念。

李煜没有别的方式，只能将自己的一腔情意，都付诸笔端，写入词中。

看月亮时，他写"无言独上西楼，月如钩"。这寂寞深院，清秋梧桐，落寞无边。这离别的忧愁，怎么剪不断，理还乱，缠绕在我的心头，滋味难言。

看花树时，他写"林花谢了春红，太匆匆"。日间寒雨，夜里凉风，这娇弱的花朵怎能禁得住摧残。人生徒留长恨，就如同这流水匆匆，永远东逝。

看宫宇时，他写"四十年来家国，三千里地山河，凤阁龙楼连霄汉，玉树琼枝作烟萝，几曾识干戈"。曾经的故国多么美好，壮观的亭台楼阁，秀美的繁花玉树。可我现在已经变为俘虏，白发丛生，日渐消瘦。我常常回想起离开故国的那一天，只剩流不尽的辛酸泪。

曾经，词之于李煜，不过是闲暇的玩乐，饮宴的消遣，他拥有的那么多，只要将那锦绣堆中的生活稍稍露出一点，就足够让笔下的词句华光溢彩，风月无边。

可是现在，他什么都没有了。

帝王的尊严、国家的荣耀，早就被踩进泥土，一文不值。爱妻娥皇早早仙逝，爱子仲宣也没保住性命。娥皇的妹妹被他立为继后，随他入宋，可现在的自己能给她的，只剩无尽的屈辱和折磨。

写词，成了他唯一的寄托。

他不再写美丽的宫娥、华贵的酒具、精致的宫宇和辗转的情思。

他开始写失去的痛苦、难挨的回忆、忧愁的无垠和故国的难忘。

他将这些沉郁的、悲哀的、痛苦的、绝望的情感，一一注入文字，造就了另一个王国。

在李煜诞生之前的词，如他早期的词一样，大多是花前月下，华美器物，虽然光彩流离，但终归沉于胭脂红粉。

王国维曾言："词至李后主而眼界始大，感慨遂深，遂变伶工之词为士大夫之词。"在他之后，词终于也有了亡国之痛、黍离之悲。虽悲痛泣血，但格调却早已不同。

除了绝命词《虞美人》，李煜死前不久，还写了一首《浪淘沙》。

帘外雨潺潺，春意阑珊，罗衾不耐五更寒。梦里不知身是客，一晌贪欢。

独自莫凭栏，无限江山，别时容易见时难。流水落花春去也，天上人间。

李煜在一次梦醒时，听见了屋外雨声连绵，感到春意已逝。凌晨时分气温很低，锦被也遮不住刺骨的凉意。他不禁觉得，果然还是沉浸于梦中比较好，至少梦中的自己不是个囚徒困客，可以享受片刻的欢愉。

现实中的李煜已经如流水中的落花，身不由己，命不久矣。

那一刻，李煜终于顿悟，自己不过是一个人间过客。

四十年的繁华，两年的绝境，自己来了又走。徒留一声叹息。

但好在，他在词中称帝，他的词与他眷恋的江山，一起化作了永恒。

再相见，不过天上人间。

流水落花春去也，天上人间。

叹一曲人生多艰
REN·SHENG

绝代才子，末世帝王　李煜

柳永
白衣卿相的别样人生

文 采薇

柳永的父亲给他起名为柳三变时，是希望他能像《论语》里说的那样，"君子有三变：望之俨然，即之也温，听其言也厉"。不想柳永这一生，飘零转蓬，曲尽波折，倒真的历经了"三变"。

柳永的祖父曾为沙县县丞，在州郡颇有威信，而父亲历任县令、城令，也算是曾经为官一方。如此算来，柳永也算是出身于官宦世家。

柳家风气端正，是儒家思想熏陶下的士大夫家庭。所以，出仕做官，光宗耀祖，便是柳永应走的道路。

柳永少而敏慧，是个小神童。一篇《劝学文》让他小小年纪便有了名气，而一首《题中峰寺》，更让他的才学广为人知。

十载寒窗苦读，满腹才华的柳永很想试一试自己的斤两，便奔赴北宋的京城汴梁参加科举考试。

可惜，他在路上经过了苏杭。

上有天堂，下有苏杭。经过经济中心的南移，北宋时，苏杭已经极度繁华。湖光山色，暖香熏风，佳人多情，即便是钢筋铁骨的英雄豪杰，也会被酥了骨头，更何况涉世未深的柳永呢。

什么豪情壮志，什么科举功名，怎么比得上烟花巷陌有吸引力？年轻的柳永，沉沦在了苏杭美景和红袖歌舞中。

当然，他的笔也没有闲着。

"烟柳画桥，风帘翠幕，参差十万人家。"这是繁华的杭州，满街的珠玑罗绮，简直晃花了人的双眼。

"三吴风景，姑苏台榭，牢落暮霭初收。"这是如水的苏州，纤巧的建筑，悠久的历史，精致的景色，让人流连忘返。

"马摇金辔破香尘，壶浆盈路，欢动一城春。"这是绮丽的扬州，酒月花琴，凤箫声动，仿佛天上人间。

白马银鞍的少年公子，青春年少，倚楼高歌，徜徉于山水，迷醉于章台，虽然荒唐，但却是柳永一生中最无忧无虑的好时光。

而这也是他的第一"变"。

公元1009年，柳永终于参加了在汴梁的考试。考试前，他踌躇满志，认为凭借自己的才华"定然魁甲登高第"。

可惜，当时的环境却容不下柳永这样的自信。

北宋虽然承平日久，但是不省心的邻居仍然很多。北有契丹虎视眈眈，西北的党项又在强势兴起，宋真宗每日所思所想，皆是国家安全。这样的担忧，也影响了他取士的标准。他曾经有诏，说："读非圣之书，及属辞浮靡者，皆严遣之。"

一国帝王要振奋士气，消除靡靡之音以增强国力，而柳永运气不佳，一下子撞在了枪口上。

之前的冶游生涯，既让他声名鹊起，也让真宗了解了他的词风。在真宗看来，那些给红粉与风月写的词句，怎么看都是"浮靡之音"。于是，柳永的初试不幸落榜。

这之后，柳永经历了二试、三试，皆不中。

对于在士大夫家庭中长大的柳永来说，数次考试不第，给了他很大的打击。

于是，在某次落榜后，柳永大醉酩酊，一气之下写了这首《鹤冲天·黄金榜上》。

黄金榜上，偶失龙头望。明代暂遗贤，如何向？未遂风云便，争不恣游狂荡。何须论得丧？才子词人，自是白衣卿相。

……

柳永将一腔郁气尽书字间，认为自己才华高绝，即便一身白衣，也是卿相之尊。这浮名虚位没有便没有，干脆"忍把浮名，换了浅斟低唱"。

这首词算是捅了马蜂窝，皇帝知道后气得厉害。后来再看到柳永的考卷，大笔一挥："且去填词，要浮名何用？"不被皇帝待见，柳永中举的可能彻底被断绝，也让柳永迎来了人生的第二"变"。

柳永听闻皇帝的气话，苦笑着摇了摇头。

他打开门，面对着亭台楼阁、重檐深宇，兀自朗然一笑。

去就去，谁怕谁。

从今天起挥别仕途，我便是"奉旨填词柳三变"，天地为庐，罗帐为家，我柳永便去闯荡别样的江山。

那时的歌坛与现在不同，现在的听众追逐唱歌的明星，而北宋的歌坛则追逐作词的词人。

一首绝妙好词能以最快的速度传得人尽皆知，作词的词人和唱曲的歌妓都会立即拥有极高的知名度。一个词人若是持续写出好词，他的词作便会受到万人追捧，有名的歌妓会争相争夺他新词的首唱权，以巩固自己的歌坛地位。

而柳永，无疑是那个时代最受追捧的词人。如果北宋举办一场"北宋好声音"，那么柳永的战队一定会被人潮淹没。

没有了功名的牵绊，柳永日日眠宿于烟花巷陌，用自己的才华和纸笔，描摹这些可爱的佳人，为她们填词赋曲，对她们嘘寒问暖。

其他的士人也许会听歌妓唱歌，为她们一掷千金，说到底不过是贪图她们的美色而已，他们清高的内心是瞧不上歌妓的。

而柳永却不同，他是真心喜爱和赞美这些青春美丽、灵动娇羞的生命。他与她们交朋友，同她们互诉心声。而歌妓们也视这个落魄的男子为世间最珍贵的人。她们说："不愿君王召，愿得柳七叫；不愿千黄金，愿得柳七心；不愿神仙见，愿识柳七面。"

你瞧，在她们眼中，黄金千两、帝王至尊、神仙之境，皆不如柳永的一个笑、一颗心。而她们的热情也让柳永的词，彻底红遍了大江南北。

红到什么程度？凡有井水饮处，皆能歌柳词。

只要有人的地方，就有柳永的词。

如此盛名，说一句白衣卿相，也并不为过。

不过，柳永与仕途的缘分并没有彻底断绝。

公元1034年，宋仁宗亲自施政，特开恩科，对历届科场的沉沦之士放宽录取要求。柳永闻听此事，风尘仆仆地赶到了京城。

这一次，他终于没有落第，榜上有名的他被授予睦州团练推官。

他人生的第三"变"，终于来了。

这之后，柳永开始了辗转二十年的为官生涯。柳永所做的官都不大，每一任的任期也不长，但他体恤民生疾苦，深受百姓爱戴。

他能做的，也只有这么多了。

公元 1053 年，隆冬。

荆楚大地一片枯山瘦水，朔风肃杀。

柳永此时正客居于襄阳城中一家青楼里，他被这样的寒冷击中，走到了生命的尽头。

小小的屋子里，柳永只有一件布衣、一支秃笔和几张宣纸。

他的身上没有一文钱，身边也没有一个亲人陪伴。

年迈的柳永鬓发皆白，虚弱地环顾四周。

这一生以青楼为家，以红粉相伴，能在这里咽下最后一口气，也算是某种死得其所。

只可惜，这北宋歌坛，以后再也听不到柳永的新作了。

他闭上了眼，呼出了最后一口气。

柳永逝去的消息转瞬间传遍了大江南北，尊崇并喜爱柳永的歌妓们纷纷泣不成声，从全国各地赶了过来，想为他送行。

谁能想到出身于书香世家、在宦海沉浮的柳永，此时竟然身无分文，也没有人来操办他的丧事。这群歌妓咬了咬牙，决定合资出钱安葬他。

于是，几日后的傍晚，一支与众不同的送葬队伍出现在了襄阳城的街头。

她们不愿让柳永哀切地死去，所以没有请唢呐吹奏哀乐，而是展开歌喉，为他轻唱缠绵悱恻的情歌。她们也没有高举白幡披麻戴孝，而是描眉点黛，画上了最美的妆容，只为把自己最好的一面留给他。

"草色烟光残照里，无言谁会凭栏意。"她们唱的，是他夕阳下的惆怅。

"晓来枝上绵蛮，似把芳心、深意低诉。"她们唱的，是他情意婉转的目光。

"相思不得长相聚，好天良夜，无端惹起，千愁万绪。"她们唱的，是对他无尽的思念。

就这样一路不停地唱下去，在这条通向郊外的路上，留下了最后的余音。

这余音竟是如此漫长，一直持续了百年。

直到宋金战乱、朝廷南渡前，每年清明，襄阳城中的歌妓便会互相约定，同来柳永的墓前为他扫墓。

之后,这个习俗流传到各地,柳永曾居住或作词的青楼都接纳了这条不成文的"行规",每到清明便遥相呼应,共同祭奠,这样的习俗被称为"吊柳会"。

柳永的时代过去了,但他却依旧活在一部分人的心中。

柳永的时代过去了,但他的传说却还在继续。

柳永因为词风"浮靡"之名而半生寥落,但所谓的柳词,真的都是轻浮之音吗?当然不是。柳永传世作品逾两百首,羁旅行役之词就有六十余首。

清人陈廷焯在《词坛丛话》中曾说:"秦写山川之景,柳写羁旅之情,俱臻绝顶,有不可以言语形容者。"

多情自古伤离别,更那堪,冷落清秋节!今宵酒醒何处,杨柳岸,晓风残月。

夜晚,身着白衣的游子饮酒告别。一叶小舟在这千里烟波中飘荡,孤独立刻攥紧了他的心肠。他寂寞地睡着,又在恍惚间醒来,抬眼便见天地沉默,两岸杨柳萧萧肃肃,更显得残月凉薄,晓风刺骨。

这情景,大约是千古羁旅的游子心中最哀婉的痛。

渐霜风凄紧,关河冷落,残照当楼。是处红衰翠减,苒苒物华休。

这一句被后人认为,高绝处不输盛唐。

零落的深秋,凄清的霜风一阵紧似一阵,江河一片冷清萧条,落日的余光微弱地打在高楼上。四周红花凋零、翠叶枯萎,美好的一切都在渐次凋落,让人怎能抵挡离别的哀愁。

这样"清"的词,绝没有一丝轻浮。

绝艳的外表下,柳永一直保存了这颗清澈的心。所以他才能与歌妓真诚地相处,为官时也能为民谋福祉。

他叹:"便纵有千种风情,更与何人说。"

还好,柳永留下了词,让他的千种风情,都能为你我一一道来。

白居易
晚来天欲雪，能饮一杯无

文 章仪

　　天色已晚，远望空际只见暮色苍茫，一场大雪不期然地纷纷扬扬而来。

　　我，一朵小雪花儿，悄然降落在一树枯枝的梢头。树边有一间普通山间小屋，屋内炉火光把窗户映得透亮，透出一股子通红的暖意。

　　突然，屋门被轻轻推开，发出"吱吱呀呀"之声。从屋中出来位貌美清俊的男子，裹着深色冬衣，手拿一个碧青瓷杯，缓步向树边走来。

　　他在我面前站定，然后低头轻抿了一口杯中的清茶。他抬头似是看见了我，爽朗一笑道："我叫白居易，字乐天。" 他抬手冲我一举杯，"怎么样，和我一起喝一杯吗？"他虽然面上仍是笑着，眼神却仿佛被这暗淡的天色染上了几分难掩的落寞。

过了许久也没有人回应他，他喃喃道："人呢，怎么都不在了啊。"

雪越下越大，感觉身上同伴的重量多了好几分，才见他又仰头一饮，恢复了安然的神色，抬头静静地述说起自己的往事。

那是建中二年，我跟随母亲来到符离，准备安定下来。

人人都道我聪慧绝伦，五岁作诗，九岁通晓声韵。定居符离后，母亲说我和周围那些野孩子注定不同，以后是要做大学问、成大事的，于是从小便对我严格要求。

为了能走上母亲口中那条通达的官场道路，我整日在家中读书，从诗词歌赋到文章经典，无一不学。周围的孩童成天在外嬉闹，他们玩耍的欢笑声偶尔会透过窗户传进耳中，但我心中一直谨记母亲的谆谆教诲，压下心中那些念头，全身心地投入桌上的书籍中。

只有湘灵，总能在不经意间撩拨起我心上的涟漪。

与邻家的她初见时，我不过是十一岁的少年。她灵动的脸上总带着娇俏的笑容，即使我读过那么多书，写过那么多文章，可一见到她还是羞得说不出话来。那时我还不懂为什么，只知道当开朗活泼的她拉着我一起玩耍时，我心里是满满的欢喜。

可惜时局变换弄人，只在符离住了短短不到一年，我又随家人匆匆离开，避难越中。

直到我十九岁那年，才回到符离故地。再见湘灵时，十五岁的她已出落成了一个比天上仙子更动人的少女。那些过往积攒下来的懵懂情愫就此变得明晰起来。

她识音律，我通谱曲。我们二人歌曲相和，相得益彰。两个少年人的心意交相应和，婉转成情。

但我是白居易，她是湘灵。

我是白家的希望，是少年成名的才子，而她只是普通的邻家少女。

后来我随父亲调职去往襄阳。多年后，当我送父亲的灵柩回乡时再次路过符离，她却已经不在故地。而我，在此后也肩负起家庭的担子，踏上刻苦读书、求取功名的道路。我只有将和她的回忆，埋藏在十九岁时的那个晴朗午后。

"愿作深山木，枝枝连理生。"

"泪眼凌寒冻不流，每经高处即回头。"

"何堪最长夜，俱作独眠人。"

他突然摇摇头，把话停住。

雪下得愈大了，我身下枯枝下弯的弧度逐渐加大。他低头深吸一口气，把碧青瓷杯紧紧捏在手中。他再抬头时没有看我，而是向远方眺望。我看见他的嘴角向上扬起，然后抖了抖一身的风雪，开口道——

你到过大雁塔吗？

"慈恩塔下题名处，十七人中最少年。"我登上雁塔后，挥毫的便是这一句。那是贞元十六年初，二十九岁的我终于考中进士。

那时的我意气风发，前途坦荡，终于达成了母亲一直以来对我的期盼，也终于担负起了父亲留下的家。

我被授秘书省校书郎的职务，自觉有宏图之志，想要闯荡出自己的一方天地。为这天下苍生，我愿尽我所能。

更让我庆幸的是，我和一同被授校书郎的元稹相识。我们交好，并不单因为我们是共事的伙伴，而是真正发自心底的"所合在方寸，心源无异端"。

我们二人年纪相仿，政见抱负相同，诗文往来，神思相交，若合符节。

元稹较我还要年轻七岁，比我更加少年意气。彼时我们虽都还没有深陷复杂的官场，但已经知晓其中深浅。但他眼中星光闪闪，仍然执着于一身风骨，不屈不傲，直对奸佞。如此文人，如此士子，我衷心地赞他道："无波古井水，有节秋竹竿。"

"修身，齐家，治国，平天下。"

熟读经典的我们怀抱着这样的目标投身茫茫仕途。

然而当时，我们这样的人注定是与世界格格不入的。

那次元稹遭遇贬谪，自监察御史谪为江陵府士曹掾。我第一时间挺身而出，累疏切谏，向皇上呈递长文为他辩解，皇上却没有回复。从那时起，我就知道以后的路可能不好走了。

果然，此后我二人在官场上浮浮沉沉，最终分贬各方，聚少离多。多年过后，我们都已经是历经风霜的中年人，各自有着家庭需要维济。境遇之下，生活时有不济，我和他之间便相互施以援手，至于诗文往来应和更是不胜枚举。

我俩都主张恢复古代的采诗制度，使诗歌起到补察时政、泄导人情之古用。在给他的一封书信中，我曾满怀抱负地阐释我的想法："文章合为时而著，歌诗合为事而作。"我知道他会明白的。

命运多舛，元和年间，我俩的亲人相继离世。我们虽然相隔甚远，却依旧挂念对方。在我二人的心里，彼此早已是亲人一般的存在。

"平生亲友心，岂得知深浅。"元稹啊元稹，你比其他亲友都更懂我白居易啊！

可谁都没想到，元稹竟会先于我离开人世。我的挚友，一生再难遇的知己，竟然就此抛下了我。

微之，现在我也常常梦见你我少年轻狂时，你却不会回应我"唯梦闲人不梦君"了。

微之，你走了，这修身治国齐家平天下之路就剩我一人。

微之，你走了，我这个白头翁想必在人间也时日也不多了。

"君埋泉下泥销骨，我寄人间雪满头。"

他长叹一口气，饮尽了杯中残液，把目光又转回到我身上，脸上浮现出淡淡的红晕。

"你知道吗？挣扎着生活的苍生百姓中，有靠捡麦穗粒充饥的妇人，有年老色衰卖艺过活的琵琶女，有被宫中采购强买货物的卖炭老翁。每每想起他们沧桑的面庞，我心中就会激荡不已。"

他轻笑一声。

"可我什么都改变不了，至亲、挚友、挚爱都已离去，我又能在世间再停留多久呢？"

他看着手中空荡荡的酒杯，苦笑道："姑且算是'穷则独善其身，达则兼济天下'吧。"

"今年的新酒可真不错。"

我听得他又是没头没脑的一句,最终摇摇晃晃地转头回屋。大雪还在继续飘洒,我身上越来沉重,终于,身下的枯枝承载不住,被齐齐压断。我也滚落在地上,沾染了一身的尘土。模模糊糊间,我看见他在窗边静驻如画像般的剪影。

不知不觉,已入夜了。

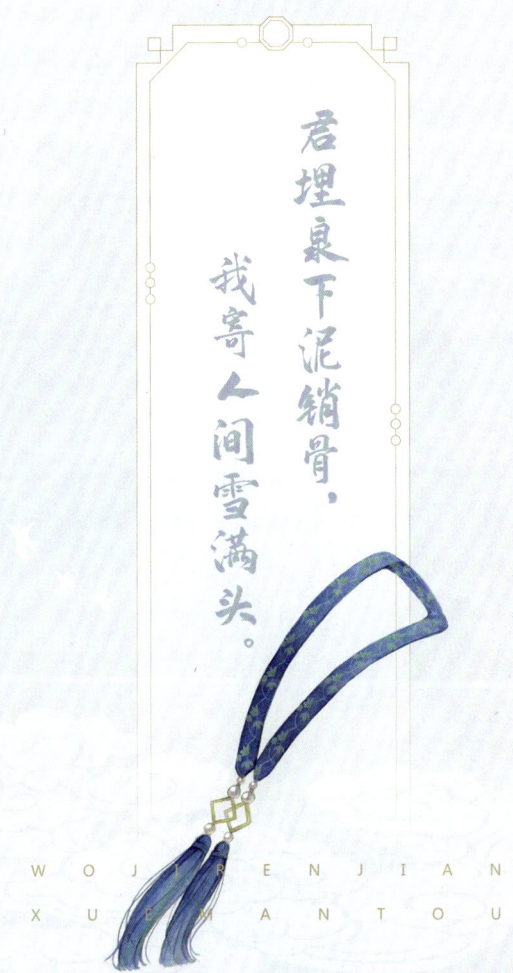

君埋泉下泥销骨,
我寄人间雪满头。

WO JI RENJIAN
XUE MANTOU

叹一曲人生多艰
REN·SHENG

晚来天欲雪,能饮一杯无　白居易

辛弃疾

吾为国生，吾为国亡

文 顾闪闪

在大部分新生爱豆还在努力立人设的年纪，辛弃疾已经开始思考转型。

作为一名生长在齐鲁地区的儿郎，他的外在条件相当符合亲戚邻里们的审美标准——健美、结实，兼具几分带着阳光气息的爽朗。总的来说，是个"酷盖"。看这双炯炯有神的眼睛，谁家姑娘被他瞅上一眼，都要连呼上头；看这宽厚的臂膀，典型的穿衣显瘦脱衣有肉，二百斤大米扛起来就走。

这可不是我夸大，同时代的陈亮就曾盛赞过辛弃疾的风姿，说他："眼光有棱，足以照映一世之豪。背胛有负，足以荷载四国之重。"

喜欢他的姑娘遍布长江两岸，想为他说亲的媒婆也快踏破门槛，但"酷盖"依旧坐在墙头闷闷不乐。为啥？辛弃疾自己也很疑惑——为啥爹娘把我生得如此英武，知不知道这样会显得我很没有内涵，像个只会动手抄家伙的莽夫？

为了打破外界对他的成见，辛弃疾决定从今天起，当一个忧郁的男孩。

为此，他采取了三大策略：常练笔，多爬楼，逢人便说"我好愁"。

多年后，辛弃疾被贬带湖，闲游博山的时候，将这段少年往事写成了一首《丑奴儿》：

少年不识愁滋味，爱上层楼。爱上层楼。为赋新词强说愁。

而今识尽愁滋味，欲说还休。欲说还休。却道天凉好个秋。

为何"欲说还休"暂且按下不表，单说少年辛弃疾忧郁得正带劲，揪着花瓣走回家中，进门却看见祖父紧皱的眉头和家人凝重的神色，当即便傻了眼。

发生了啥？玩忧郁这种事还会传染？

很快他就意识到，事情比他想得严重得多。南宋朝廷偏安江南，一味求和，助长了金国的饕餮之心，金主完颜亮率军南侵，一路烧杀抢掠，中原百姓民不聊生。

辛弃疾的祖父辛赞为保全族人，不得不在金国任职，但他却一直期盼着能与金人殊死一战，以报不共戴天之仇。他常常牵着少年辛弃疾的手"登高望远，指画山河"，还让辛弃疾带人到燕山一带，观测形势，以图后计。

此后没多久，辛赞便带着憾恨离开了人世，独留辛弃疾一次又一次地登上楼台，久久地眺望南方。公元 1161 年，岳武穆含冤而死已过近二十载，江北农民不堪金朝的压迫，揭竿而起，耿京起义爆发，沉迷写词的辛弃疾终于暂搁纸笔，动手抄起了家伙。

这一抄家伙不要紧，他飞快地聚集起了两千人，加入起义军，成了耿京手下的掌书记。那个时候全军上下，既没有比他有文化的，也没有比他能打的，有道是意气风发，也不过如此。

《宋史·辛弃疾列传》记载，与辛弃疾一同加入义军的，还有一个名叫义端的和尚。义端这个和尚当得很不清心寡欲，他好武斗狠不说，还贪财慕权。辛弃疾引荐他入军没多久，他竟盗走了耿京的帅印，耿京大怒，当即便去追究辛弃疾的连带责任。

辛弃疾人在军中坐，锅从天上来，他双手接过耿京要劈下来的白刃，从容道："耿帅您少安毋躁，给我三天，贼和尚抓不回来，我提头来见你。"

他知道义端这一叛绝非小事，他定会将军中虚实全数交代给金军统帅，到时伐金大业必会毁于一旦。于是他快马加鞭，以雷霆之速赶上了义端，一个华丽的漂移，惊得那和尚魂飞魄散。

义端："说好的忧郁系词人呢？"

作为一名奸诈的贼僧，义端当然不甘心束手就擒，他眼珠一转，突然想起了自己的玄学本行，两指一并，煞有介事道："呔！我能认出你的真身，你怕不怕？你不是凡人，乃是一头青色大犀牛……既然我都认出来了，那……那你不得放我一马？"

辛弃疾："……"

暴躁弃疾，在线削人。

他提着义端的脑袋，边走还边想，这点雕虫小技忽悠谁呢，我怎么说也是饱读诗书的人，编个故事连个具体背景都没有，这也太敷衍了……

起义军声势浩大，可毕竟未得到朝廷正式的认可，"天平军节度使"也只是他们自立的名号，耿京于是决定派使者奉表南下，与南宋朝廷联络。使者队伍中，当然少不了辛弃疾这颗军中最闪亮的星。

这一年，二十三岁的辛弃疾身跨骏马，纵然满面尘灰，也难掩眉目间的坚毅傲然，在他的背后，是十万能拼敢战的义军将士。

宋高宗亲率文武百官在建康劳师，授其为承务郎、天平节度掌书记。即便南方的人们还未拜读过他的词作，辛弃疾的姓名却早已传遍了大街小巷。他太出挑了，就像一条盘在银枪上的蛟龙，一颗嵌在冠顶上的明珠。

手续办完，辛弃疾拨马回营，刚想把这个好消息告诉耿京……

等一下，耿京呢？

如果说普通人的人生就像不断地上坡与下坡，那么辛弃疾的人生就如同在珠穆朗玛峰玩蹦极。耿京在北海惨遭杀害，而杀耿京的张安国早已逃去了金军大营，饶是沉着冷静如辛弃疾，登时也蒙了。

他拉上众将:"咱们回来是干什么的?"

众将:"很明显,是圣上让咱们接上京哥,回去复命。"

辛弃疾:"京哥呢?"

众将:"被张安国杀了。"

辛弃疾:"张安国呢?"

众将:"早在金军大营吃香喝辣了。"

辛弃疾:"咱手中还剩多少兵?"

众将:"去掉南归的,数数也就剩五十不到。"

辛弃疾:"那诸位以为,我们该何去何从?"

众将:"看来就只有分分行李回高老庄娶翠兰这一条路可走了。"

辛弃疾当然不可能这么做,他当机立断,与王世隆等将领一起,率领着仅剩的五十轻骑,直奔驻扎了五万人的金军大营,以迅雷不及掩耳之势发起了突袭。

彼时张安国和金军将领们正在喝酒,猝不及防身下一轻,就被辛弃疾逮小鸡似的拎上了马背,两人一马伴随着滚滚扬尘,瞬间消失在军帐之中。

满座金军将领哪见过这种彪悍操作,一时连"快追"都忘了喊。

再后来,温暾的南宋人又在建康的街头看见了这位少年将军,他身上带着侠气,溅在袍上的鲜血还未洗去,驱驰千里,远远甩开了金军的追赶,将弑主求荣的叛将掷于殿前,交给朝廷发落。

是时,"壮声英慨,儒士为之兴起,圣天子一见三叹息"。

中华文学史上,不乏向往投笔从戎、沙场将功的文人墨客,他们之中有的甚至亲历边塞,有的随军几经辗转,但他们都不是辛弃疾。

"八百里分麾下炙,五十弦翻塞外声",这是只有枕戈待旦的战士才能亲见的场景;"马作的卢飞快,弓如霹雳弦惊",非刀光剑影中穿行过的人,写不来这样的词句。

在宋人眼里,辛弃疾是活着的盖世英雄,是存世的千古风流。

来到南方没多久,辛弃疾便迎来了他人生的第二次转型,只不过这次是被迫的。

朝廷收缴了他的刀兵，授予他江阴通判的官职。从宋高宗到宋孝宗，都是辛弃疾的忠实迷弟，这对父子都觉得辛弃疾简直太厉害了——要是不总想着打仗就更好了。

频繁的调任没能消磨掉辛弃疾的斗志。每当君主稍起锐意，希图恢复，他就激动上一阵，献上自己呕心沥血写下的《美芹十论》《九议》等北伐论著。

身为一位实践派的军事家，辛弃疾的论著句句切中要害，鞭辟入里，对于亟须与金国一战的南宋朝廷来说，简直就是一剂最对症不过的良方。

然而朝廷的态度却很微妙，官方答复是："小辛啊，你的作品满朝文武都看过啦，人人都说好，朕这就给你颁发'大宋十佳词人'奖章。国家处于特殊时期，正需要你这样有能力有水平的人才，但是打打杀杀不适合你，你不妨挑个地方官的岗位干干？"

建康、滁州、江陵，舟车辗转，年复一年。

许多年后，辛弃疾才终于明白，南宋朝廷与义端那个贼和尚不同，是惯会编故事的。

二十岁的辛弃疾胸中燃着滚烫的烈火，眼中盛着这世界的星辰，他披荆斩棘地来到了祖父口中的"祖国"，希望能效忠它，拯救它。

但南宋却辜负了他。

"恨之极，恨极销磨不得。苌弘事、人道后来，其血三年化为碧。"

与一般的文官不同，辛弃疾的食指内侧生有厚茧，那是惯操刀兵留下的痕迹，他劲瘦的臂膀间埋伏着紧实的肌肉，是为了有朝一日仍能拉得开长弓。他无时无刻不在准备着重返疆场，与金人殊死一战，纵使马革裹尸，不见白头，在所不惜。

可如今，宝刀已锈，与他一同的义士们天涯四散，老死乡里。寻常巷陌，还有谁听他弹剑歌一曲《兰陵王》？

其后的整整二十年，辛弃疾看遍了繁华东京的灯火阑珊，听彻了田间溪头的吴音媚好，他在江南的山高水暖间一次次北望，却只能将雄心壮志写在词句间，聊以自慰，同时提醒自己不可忘怀国恨家仇。

他的作品既沉雄又细腻，不拘一格，从家国天下到田园风光都写得浑然天成。论雄壮豪放，足可比肩"大江东去"的苏轼；论浓纤绵密，亦不输"藕花深处"的李清照。

开禧三年秋,朝廷再度起用辛弃疾为枢密都承旨,但六十八岁的辛弃疾已卧病不起,只得抱憾请辞。同年九月,辛弃疾病逝,据说他临终之际,犹在高呼"杀贼"。当时光景,与昔年老将宗泽三呼"渡河"何其相似。

辛弃疾一生命途多舛,业务能力无短板,从古到今但凡有志者,无人不爱辛弃疾。但本该一展抱负的他却熬尽了痴心,执意要做一场不醒的梦。

梦中的他,永远是那个沙场秋点兵的少年英雄,以孑然一身,行游侠之事,全家国大义。

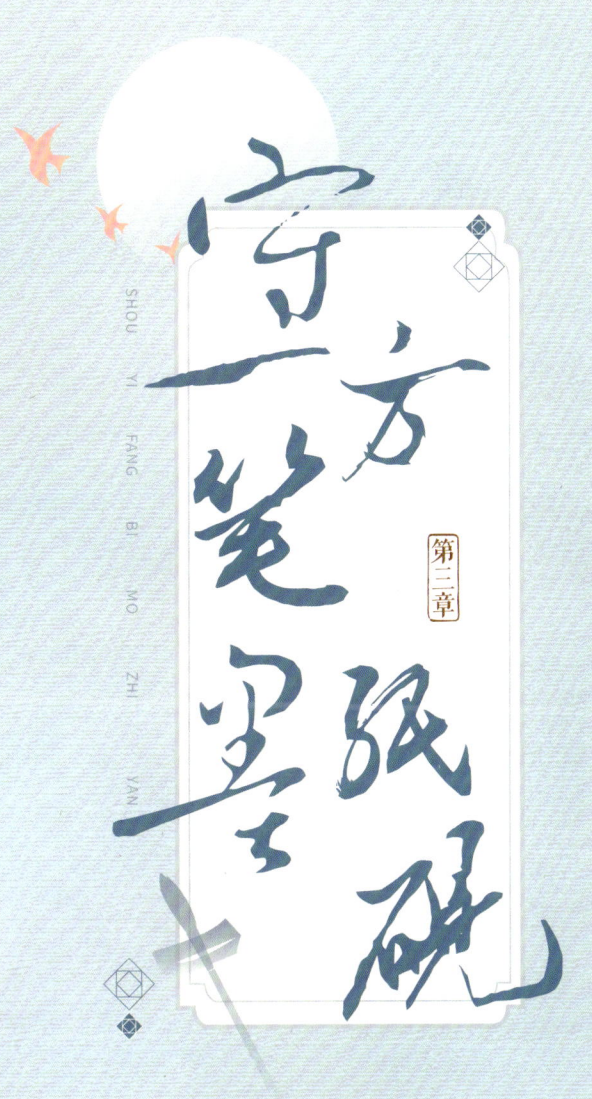

第三章 守方笔墨纸砚

请愿人：卫玠

朝代：晋朝

任务背景：西晋时战争不断，永嘉之乱后，晋元帝率臣民从洛阳南渡到建康定都，史称"衣冠南渡"，从此进入东晋时期。

请愿人身份：卫玠，字叔宝，晋朝玄学家，体弱多病。年幼时祖父卫瓘遭人陷害，家族中诸多男儿被斩，唯独他和兄长卫璪在医馆治病，得以幸存。后曾与兄长一同任职，"衣冠南渡"后颠沛流离到豫章，被大将军王敦赏识。

执行人：02号

备注：无

"瞧见了吗？车上正是卫公子，他来咱们豫章啦！"

"传闻卫公子可是风神秀雅，今天可得好好瞧瞧！"

男男女女围着卫玠乘坐的羊车，议论个不停。

人间……是否本就是大梦一场？

从听闻兄长的死讯开始，雪愈发冷了，这一路尽是南渡的百姓，处处可见饿殍，到了豫章，却忽然冒出这么多争着抢着来看他的百姓，众人议论着，推搡着。

卫玠慢慢地吸入一口凉气，五脏六腑一寒，引得阵阵轻咳。

"公子，没事吧？"洛儿娴熟地在前面赶车，连忙出声，"公子不便见风，还请各位……哎，别扒车啊！"

她才十岁，镇不住这些看热闹的百姓。

推推搡搡的人群之中，有个人被不慎推倒，重重摔在雪里，险些被碾在轮下。

"多危险啊！"洛儿连忙绕路，却听自家公子的声音淡淡地传来："她可能是冻僵了，一并带回去吧。"

1

爬不起来了，各种意义上来讲。

穿着薄衣穿越到冬天，同样的错误犯了两次，你有了深深的挫败感，却没想到因祸得福，被卫玠和他的小丫鬟给捡了回去，还照顾了你好几日。

你的伤势没那么严重，但为了混脸熟，你还是有模有样地装虚弱，几日后才下床活动。这天一大早，你和院里扫雪的洛儿打了个招呼，端汤去送给卫玠。

"卫公子，又看雪呢？"你笑着敲敲门，推门进屋，"暖暖身子吧。"

卫玠坐在窗前，静静凝望着雪景，他身材瘦削，脸庞白得好似暖玉，比常人少几分血色，此时与雪景相映，好似细笔勾勒的一幅画。

见你进来，他微蹙的眉舒展了些，注视着你，眼中微微泛起笑意："你身子尚未恢复，我自己去端就好。"

"不碍事，"你连忙摆摆手，"我壮实……啊不是，我健康得很，公子你最重要。"

卫玠慢慢地喝汤。

你坐在对面瞧着他，例行一问："公子，你现在快乐吗？"

"嗯？"卫玠浅笑，应了声，"快乐。"

"又骗人，你要是真快乐，我早就完成任务回去了……"你无奈地叹了口气。

早在几日前你便坦白了身份，令你意外的是，没费多大的口舌，卫玠便信了。令你更意外的是，卫玠许下的愿望如此简单，他想要你赐予他一场纯粹的快乐。

这还不简单？逗他开心呗。这几天你使尽了浑身解数，谁料这卫公子笑是笑，却并不是发自内心的快乐，你也就迟迟完成不了任务。

"听说王敦邀请公子清谈玄理，还请来了名士谢鲲，公子答应了吗？"

"还不曾回复。"卫玠微微摇头，无奈一笑，"清谈往往极耗心神，洛儿说我本就体弱，担心我病重，不让我去。"

你今早细细翻阅了典籍，捕捉到一个细节，卫玠一直好谈玄理，开口令人为之倾倒，但母亲担心他病弱，往往不让他多说话。如今王敦之邀，未必不是个一吐为快的好机会。

想到公子的身体，你心里微微一涩，根据记载，卫玠不久后将移居建康，那也将是他此生涉足的最后一个地方。

还不如让他尽兴一场。

你想了想："公子想去吗？"

"名士谢鲲……自然是想。"卫玠轻声答，"只是又要让洛儿担心了，她一直谨遵家母遗言，好生照料我。"

你思索着："那……我想个办法。"

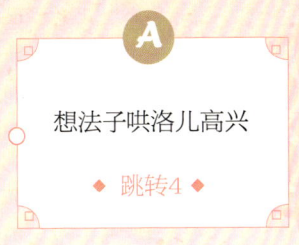

想法子哄洛儿高兴

◆ 跳转4 ◆

支开洛儿偷溜出去

◆ 跳转3 ◆

2

坑人啊，怎么决定都离不开啊好不好！

难道清谈还不够快乐？

系统友情提示您：
想提升成功率，真正让他快乐，请从心病缘由开始探知。

不早说。

你吐槽了坑人的系统八百遍，拿起史书细细翻阅，终于捕捉到两个细节：一、卫玠年幼时，祖父卫瓘遭到陷害，与子孙九人一同被杀害；二、卫玠后来来到建康，被建康城的百姓围观，寸步难行，忽然病重离世。

卫玠的心病，是否与幼年的经历有关？在他离世之前，是否能由此找到他真正的心愿？

你想了想，决定回到浩劫那天，找到年幼的卫家兄弟。但是要去哪里找呢？

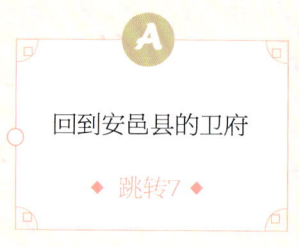

回到安邑县的卫府

◆ 跳转7 ◆

回到安邑县的医馆

◆ 跳转5 ◆

〖3〗

任务成功率0%

"对了,由我支开洛儿,公子你出去见王将军就好!"

"这……"卫玠迟疑着。

"不要紧不要紧,我一定能给你办好!"你笑着催促他用膳,"今天下午我便支开洛儿,如何?"

卫玠终于不再犹豫,眼中难得闪烁着神采,好似蓄谋溜出去玩的孩童:"好!"

当天下午,你热情地邀洛儿出去购置必需品,想拉着她逛一个下午。

洛儿虽同你一道出了门,但心中挂念着自家公子,逛到半路便匆匆跑了回去,你拦不住,和正要出门的卫玠撞个正着。

虽然最后卫玠依然和谢鲲清谈了一场,但洛儿对你不再信任。

不知为何,你的任务依旧没有完成,还失去了进一步调查的机会。

达成结局【判断失误】

〖4〗

任务成功率50%

"对了,只要想个法子哄洛儿高兴,她没准就放行了!"

"如何哄她高兴?"卫玠疑惑地望着你。

"公子你慢慢用膳,我这就去准备!"你一跃而起,兴冲冲地推门而去,买回麻绳木板等工具,在院子里来回折腾着,终于在树下搭好了一个简陋的秋千。

不知站上去会不会断……不行不行,还是坐着玩儿吧,你小心翼翼地坐上去,自己前后晃荡着,你这作品竟然结实得很,怎么晃都没断。

洛儿买菜去了，现在就等这小丫头回来了。

你美滋滋地想，自己真是个小天才。秋千渐渐停了，忽然有人在后面助推了你一把，你小小地惊呼一声，向前荡去。

"原来是忙着搭这个。"温润的笑音自你身后响起，"吓着你了？"

你转过头，正瞧见卫玠带笑的眉眼，他不知何时披着冬衣步入院中，静静地瞧着你自娱自乐了半天，终于忍不住过来推你一把。

"公子，拜托你不要靠那么近。"你严肃道。

"嗯？"卫玠笑着看你。

"美貌杀人啊，美貌杀人。"你嘟囔着。

秋千再向后时，却被卫玠稳稳扶住了，他微微俯身，笑着轻声问："那千万人中，唯独你能面对面尽情瞧着我，高不高兴？"

完了，区区几天，你就把人家公子带坏了。

卫玠再将你往前推，你偷偷回头瞥他，见他那张白皙的脸反而红到了耳根。

"哇，这是什么呀！"洛儿惊喜的声音在院门口响起。

你得意扬扬地把杰作指给洛儿看，小丫头果然玩得开心不已，院里难得响起了你们三人的笑声，有了些热闹的人气。你趁机发动口才，果然说服了洛儿，同意让公子赴约。

卫玠与谢鲲清谈一夜玄理，相谈甚欢，虽然在这之后，他会觉得王敦不是可结交之人，然后搬家至建康，也病逝在建康。

你最不擅长离别了，尤其是生离死别。

你决定……

嗯？Bug了？

5

眼前是若干年前的安邑县。

你记得史册里的记载,年幼的卫家兄弟因为外出看病而躲过一劫,那么必定就是在医馆了!你匆匆来到医馆,想办法得到了医者的信任,两个卫家孩子正惊恐地藏在屋里。

病弱的那个幼子便是卫玠,他本就瘦弱,惊吓之下更是小脸煞白,咳个不停。

看来这就是卫玠的心病由来,影响了他的一生。

你本不应插手这段历史,可你还是情不自禁地将两个孩子拥入怀中,见他们惊吓得厉害,你想了想,随意拿起几根小树枝,绑成两个小木人。

"送给你们,闭上眼睛,睡一觉好不好?"

卫璪哭个不停,卫玠却愣愣地不言语。

"在想什么?"你轻声问他。

卫玠迷茫地抬起小脸:"这是不是一场梦?是不是我睡着再醒来,一切就会恢复原样?"

你说不出话,梦……你隐约明白他想要的是什么了。

可你能做的只有见证历史缓缓前行。

经历了悲痛浩劫,卫玠一年年长大,他好谈玄理,能让听者为之倾倒,但他的身子却愈发病弱。永嘉四年,战乱再次打碎了他沉沦玄学的梦,卫玠不得不与留在中原的兄长辞别,遥遥南渡。

这一路与亲人生离死别,路上所见皆是流民饿殍、满目苍凉,这些都让卫玠遥想:人间……是否本就是大梦一场?

可若是大梦,该何时醒来呢?

如果卫玠有奢望,那么他真正的愿望应该是……

你决定再次动身,前往建康追上卫玠的脚步。建康城人山人海,你毫不犹豫地发动了【百战百胜】,从人群闯出。

卫玠的羊车就在前方——

"看啊,那就是卫公子!"

"总算看见卫公子了!"建康城如此热闹喧嚣,可这热闹却仿佛从千里之外传来,为何独独自己待在这如此凄凉的一隅呢?那些故人呢,都去了何方?那个人呢,也弃他而去了吗?

好静啊,静得可怕。

卫玠慢慢地抬起头,望着灰白的天穹,慢慢呼出最后一口凉气。

他的耳边却响起熟悉的声音:"走吧,我带你离开这儿。"

你觉得卫玠的愿望应该如何实现?

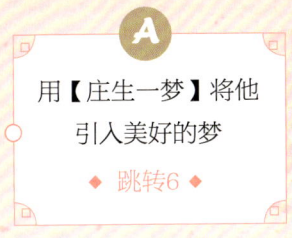

用【庄生一梦】将他
引入美好的梦

◆ 跳转6 ◆

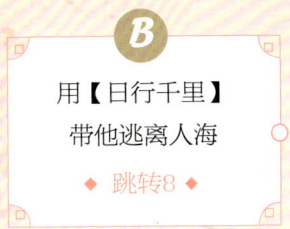

用【日行千里】
带他逃离人海

◆ 跳转8 ◆

6

任务成功率 100%

历史上的看杀卫玠终究还是发生了。

当百姓发现不对劲,当洛儿停下羊车哭喊扑来的时候,卫玠已经安详地闭上了眼睛。他的脸上毫无血色,孤零零地躺在一片喧嚣之中,然而他的嘴角却是上扬的。

哪个是梦,哪个是现实,谁又能说清呢?

你发动卡牌,为卫玠精心构建了一场属于他的迷梦,那里没有战乱,没有陷害,只有和平安详之中的安邑县。舅舅王济叹着"珠玉在侧,觉我形秽",母亲依然唠叨着"身体不好,少说点话"……

洛儿刚入府不久,怯生生地躲在大人身后唤他"公子"。

一切正如当年。

除了你,没人知道卫公子在弥留之际做了一场多么美好的幻梦。

也没人听到他的最后一句话。

他说:"好,带我醒来。"

任务完成。

达成结局【庄生迷梦】

⑦

任务成功率 0%

再睁开眼,你眼前是若干年前的安邑县。

你匆忙赶到飘摇惊惶之中的卫府,只听得满门恸哭之声,却没有找到幸存下来的两个孩子。你慌忙拽住一个下人询问卫玠的下落,那下人警惕地看了你一眼,不肯告诉你。

你与两个孩子错过了,看来还是要再仔细翻翻史册……

达成结局【遗漏史册】

⑧

任务成功率 100%

你抓起卫玠的手,发动了【日行千里】,在惊呼声中,你们在茫茫人海中穿行,仿佛逃离世俗要化蝶的眷侣。

你知道这不是最好的决定,可这一刻,你只想带他出逃。

逃出这尘世,逃离这人生。

你们逃出了建康城,穿越了人山人海,翻越了万水千山,停下的时候,连你也不知你们身在何方,抬头一望,已是满目星河璀璨。

你们像两个逃出家门的顽童,相视大笑,坐在星河之下,你听他尽情地谈起玄理,听他倾吐心中理想,那个历史上被看杀的单薄形象,这一刻在你眼前徐徐鲜活,你听见他话语中的波澜壮阔,你洞察他心中的丘壑千山。

永远闭上双眸之前,他说要把最珍视的东西送给你。

你接过礼物,是个丑丑的、破旧的小木人。

万千情绪在你胸膛翻涌,又被压下,半晌,你轻轻地笑了。

"闭上眼睛,睡一觉吧。"

你仍记得出逃之际——

"若生命的最后一日,我带你逃走,你敢不敢跟我走?"

卫玠注视着你,这一刻短暂又漫长,你听见他坚定的回答。

"带我走。"

任务完成。

达成结局【夜奔】

一

　　四位白衣飘飘的男子伫立在桥头，春风吹过，远近飘来的皆是墨香。

　　为首的那位剑眉星目、黛发高束、手持一把山水扇，举手投足间流露出不俗的气质，眉眼间流转的是款款深情，华丽的衣衫与腰间的玉佩显示出其家境非同一般。或许是岸边有只麻雀太过贪吃，那双微微低垂的眸子竟眯成弦月，嘴角不自觉上扬。两鬓垂下的青丝轻抚过他棱角分明的脸，一切宛如画般美好。

　　桥下的姑娘们三五成群地聚在一起，有的明目张胆地望着他，有的含羞偷偷看上几眼，惹得身边姐妹发笑。

　　桥上其余三个男子注意到后，坏笑着推了推他，然后往桥下偏头示意。

　　他却只是一副司空见惯的冷淡模样。

　　四人踩着流星花园的 BGM 从桥上走下来，惹得姑娘们发出阵阵尖叫。

　　"哥哥你好帅！"

　　"大帅哥！看这里！啊啊啊啊！"

　　为首的他衣袂飘飘，走过人群后回眸勾起嘴角，眼底带着四分不羁、三分勾人、两分邪魅、一分凉薄，在音浪中轻启薄唇。

　　"嘘……别叫那些花里胡哨的。" 说罢他眨了眨那双勾人的眸子。

　　"叫我——"

　　"唐——"

　　"伯——"

　　"虎。"

二

　　不怪唐寅这么火，毕竟他是个典型的高富帅，又拥有一个超强技能——过目不忘，读书快到 "每夜尽一卷"。

　　十四岁时他师从周臣，学得一手好画，十六岁考中秀才，前途不可估量。十八岁又娶了个白富美老婆，早早成为人生赢家。大婚当天，城里满是少女心碎的声音。

可以说唐寅是家里有屋又有田，老婆漂亮又有钱。他曾以为自己会在如此幸福又美满的氛围中度过一生，直到一个乞丐拦住他。

"你二十五岁时有个坎儿。"

唐寅微微一笑："谁能一生无忧？人生不就是起起落落。"

乞丐摇摇头。

"自此以后，你步步是坎儿。"

唐寅脸色有点黑："此话怎讲？"

"简单来说，别人的人生是起起落落，你是起起落落落落落落落……"

唐寅足足等了三分钟，也没再听见一个"起"字。

"呸！"唐寅憋不住了，"你才步步是坎儿！你全家都是坎儿！"

乞丐也没反驳，淡淡回了句："看呗。"说罢慢悠悠地走了。

唐寅没想到，这乞丐竟一语成谶。

三

弘治七年，唐寅二十五岁。父亲突然中风去世，家里的重担猛然间压到这位才子身上。

"父没，子畏犹落落。"

父亲的离开对唐寅而言无疑是个巨大的打击。正当毫无社会经验的他试着走出悲伤，学着如何撑起这个家时，噩耗却接连而至。

母亲由于太过悲伤去世，妹妹也在夫家病故。妻子在生产后撒手人寰，连仅仅出生三天的儿子也夭折了。

一个本来幸福美满的家，在短短几年内轰然崩塌。唐寅在意的一切相继被拿走，一个墨发如倾的帅哥，一夜白头。

他开始终日酗酒，荒废自己的生命。

祝枝山看到他这样，想尽办法劝慰他，隔三岔五往唐寅家跑："唐兄呀，街头开了家酒楼,一起去把妹啊?"

可祝枝山磨破了嘴皮子,唐寅还是双眼无神,不为所动。

祝枝山终于生气了,一拍桌子:"唐兄!看看你这张帅脸已经蹉跎成什么样子了?你得懂得战胜命运!"

唐寅抬起眼皮,双眸里终于有了点光彩,他犹豫着开口:"难道去考取功名吗……我还……能行吗?"

祝枝山激动得热泪盈眶:"你行!你行!你不能说不行!"

四

当旧日的最强大脑重新启动,锋芒依旧能斩杀一切。唐寅顺利考中应天府乡试第一。

乡试第一代表着什么,代表着他未来的仕途一片光明,这是要走花路啊!

"冒东南文士之上。"这位史诗级爱豆唐寅名噪江南,结结实实又当了一回芳心纵火犯。

在一票小姑娘中,大家闺秀何氏脱颖而出,成了唐寅第二任妻子。

名利在前,佳人在侧,眼瞧着幸福生活又要回来了。

乞丐:"嗯?接着往下看吧。"

五

唐寅进京赶考途中,认识了个老乡叫徐经,对自己特别热情,两人一拍即合,成了好朋友,没事就一起喝酒。

俗话说得好,天上掉的馅饼不能吃,找上门的酒友也不能要。

这天两人正喝酒,徐经突然拿出一道题来请教唐寅,唐寅没有多想,乘着酒意洋洋洒洒写了八张 A4 纸。

徐经拿着答案开开心心地回去了。

结果考试当天，出的题目正是当日徐经请教过的那题。唐寅也没多想，"刷刷刷"写完了考卷。

大榜下来了，唐寅果然高中！可还没等他去蹦迪庆祝，就被抓进了大牢。一起被抓的，还有徐经。

原来，这次考试的题目非常难，考生里答对的只有两人，巧的是他们俩是同乡，考卷答案又极为相似。

严刑拷打下，徐经终于交代自己贿赂主考官的家童得到了题目，又事先请唐寅为自己写了答案。

无辜可怜的唐寅受牵连，锒铛入狱。

"至于天子震赫，召捕诏狱，身贵三木，吏卒如虎，举头抢地，涕泗横集。"唐寅在狱中的生活十分悲惨。可相比物质上的惨痛，精神和尊严上的凌迟更让他痛不欲生。

"海内遂以寅为不齿之士，握拳张胆，若赴仇敌。知与不知，毕指而唾，辱亦甚矣！"这是唐寅生命中最羞耻的烙印。

六

一年后，他终于出狱。但今生不被允许参加科考，也不能再走仕途。

唐寅失魂落魄地回到了老家，满以为妻子能慰藉一下自己伤痕累累的心。但没想到何氏一看富贵梦破灭，便头也不回地离开了。

唐寅的世界再一次塌方。

不过这回，唐寅没有借酒消愁，而是选择去当旅行博主来排遣抑郁。

"放浪形骸，翩翩远游，扁舟独迈祝融、匡庐、天台、武夷，观海于东海，浮洞庭、彭蠡。"

可古代没有vlog，旅行博主也没法赚钱，唐寅终于花光了自己兜里最后的银子，再次两手空空地回到了家。

唐寅拎着行李站在院中，孑然一身，家徒四壁——这时的家已经不能称之为家了。

正当唐寅身心俱疲了无生意时，一双手搭在他的肩上。

"你是？"

女子螓首蛾眉，浅笑垂眸："沈九娘。"

七

打那天起，沈九娘就黏在了唐寅身边。在沈九娘的温柔照顾下，唐寅那颗千疮百孔的心似乎修复了一些，重新焕发了生机。

后来，沈九娘成了他第三任妻子。

"闲来写幅丹青买，不使人间造孽钱。"这位曾游戏人间的浪子终于明白，对自己来说，最好的生活不是功名利禄，而是我作画写诗，你洗砚铺纸。

唐寅用攒下的钱在姑苏城北桃花坞盖了间小别墅，取名桃花庵。很快二人也有了孩子，一个聪明伶俐的女儿——桃笙。

也就是在这里，唐寅写下那首大名鼎鼎的《桃花庵》。

桃花坞里桃花庵，桃花庵下桃花仙。

桃花仙人种桃树，又摘桃花换酒钱。

或许命运是看唐寅太苦了，便借给他欢喜的六年，可借来的东西终究是要还回去的。

沈九娘三十七岁时，由于劳累病逝了。

如果说唐寅的心是沈九娘修复好的，那她离世时，就连着那根承重梁也一齐带走了。

这次，唐寅的世界不只是出现裂痕，也不是崩塌，而是彻底不复存在。

相思两地望迢迢，清泪临门落布袍。

唐寅再次变回那个没有心的浪子，纵情声色花酒，不问人世春秋。

八

正当唐寅打算就此沉沦时，宁王朱宸濠忽然征召他去江西做官，称赏识他的才能。唐寅情场破碎，又逢仕途有望，便答应了宁王。

这位明武宗的亲叔叔不仅给予他师爷的官职，更是特意赠了他一座府邸。

一切宛如命运的厚礼，来弥补唐寅前半生的荒唐玩笑，可这不过是个更大的黑色幽默。

不过多时，唐寅发现，宁王有意造反。

事到如今，还如何全身而退？经历舞弊一案，唐寅不敢再走错一步。

他苦思冥想，决定放弃自己身为江南第一才子的尊严，甚至是做人的尊严，开始装疯卖傻。

他在街上裸奔，在宴会上对着女士小解，调戏良家妇女，在宁王府门前光着身子怪叫高呼。

"佯狂使酒，露其丑秽。宸濠不能堪，放还。"宁王终于不能忍受，放他回家。

不久后宁王造反失败，被王守仁俘获，而唐寅也就此捡回一命。

从身体上来讲，唐寅的确是活下来了。

可从灵魂上说，唐寅从决定装疯卖傻的那一刻起，便已灰飞烟灭。

没有爱情，没有亲情，没有仕途，没有尊严。

命运挥起镰刀一次一次地斩断了这位才子身上所有的锋芒。

当唐寅衣衫褴褛地回到故乡时，他嘴角竟然挂着释然的微笑，似乎在嘲笑命运。

"我已经一无所有了，你还有什么招数，尽管使出来啊！"

九

孤身一人的唐寅在家中静悄悄地死去了，安静得仿佛从未来过这荒唐的世界。

几日后，祝枝山出钱买了棺材，将他埋在了桃花庵，那棵他最爱的桃树下。

烟雨江南，朦胧三月。

桥头似有一位白衣胜雪的男子，墨发高束，手持山水扇，在沥沥桃花雨中孑然而立。

那桃花落得心底片片文墨，落得眼底款款深情。

"别人笑我太疯癫，我笑他人看不穿。不见五陵豪杰墓，无花无酒锄作田。"他一身霜月冰凉，嘴里喃喃吟着诗，出神地望向远方。

身后不知是谁家姑娘大喊一声："帅哥！看这里！"

男子愣了一下，回眸浅笑。

花瓣擦过他的脸，音容如旧。

"别瞎喊。我叫……"

"唐——"

"伯——"

"虎。"

王徽之

中二少年的世界你不懂

文 顾闪闪

王羲之有七个儿子,个个都是人才,书圣本人也相当自得,逢人便夸奖他们。

"这是我大儿子玄之,兰亭聚会上露过脸,隶书草书都不错,想必大家还有印象……"

"这是我二儿子凝之,虽说看上去平平无奇,但媳妇娶得好,咏絮才女谢道韫知道吗?"

"这是我小儿子献之，长得帅人品好，书法深得我真传。生子如此，谢安看了都羡慕！"

"这是我五儿子徽……徽之呢？"

"王徽之！"

"献之你哥呢？"

优等生王献之表示："别问我，我不知道，徽之跑起来比谁都快。"

以上说法有史料为证①，据说这天王献之和王徽之在一个屋写作业，房顶突然着起火来。身为东晋知名男神、无数少女的偶像，王献之缓缓合上书本，收好作业，整理仪容，随后用低沉而有磁性的声音唤来侍从，被他们搀扶着，无比优雅地走出了着火的房间，神色恬然，甚至没有回头看上一眼。

火：喂！你这个人有没有点安全常识？我不要面子的吗！

与此同时的王徽之……

他已经凭借矫健的双腿和破锣嗓子，让整个乌衣巷都知道自己家着火了。

对了，他还没穿鞋。

王羲之捂脸："修养呢？仪度呢？当年郗太傅招女婿你爹都不为所动②，小小一场火灾就惊慌成这样？出门别说你是我儿子！"

果不其然，这事没过几天，就登上了当时的八卦杂志《世说新语》头版，舆论纷纷倒向了正统系美男子王献之的这边，末了还不忘拉踩王徽之，放言要把他逐出名流圈。毕竟当时盛行品评人物，名士们的一举一动都逃不过围观群众的注视，丧命事小，失态事大。

追求风度，提高个人修养本来是件挺好的事，然而一旦过分，就将成为束缚人的樊笼。当时的子弟们为了跻身名士之流，简直是用劲了浑身解数。他们看不上王徽之，王徽之还瞧不上他们呢！作为整个东晋最自由的小精灵，王徽之完全可以用七个字来形容——清新脱俗不做作。

---

① 典出《世说新语·雅量第六》。
② 典出《世说新语·雅量第六》。

琅琊王氏基因优越，素有满目琳琅之称。从西晋开始，这个家族便凭借着强大的实力和远超常人的颜值，长居皇室联姻榜第一名。可王徽之偏不懂得珍惜自己祖传的好相貌，平日头发也不知道束，衣带也不好好系，睁着一双睥睨俗世的眼，看起来摇滚又飘逸，颇有竹林七贤当年的风范。

王徽之不仅生活里潇洒不羁，工作中也总和常人反着来，这一点他的长官桓冲深有体会。两人之间的轶事能编出一出小品，名字就叫作《论如何气死自己的上司》。

这天上司桓冲下来视察工作，所到之处官吏无不逢迎，秩序井然，直到他推开了王徽之的办公室。

桓冲："……"

桓冲："骑曹参军人呢？"

两炷香后，王徽之拖拉着衣袍被提过来，行礼之前，先对着桓冲打了个长长的哈欠，一副没睡醒的懒散样子。

桓冲是出了名的忠正不阿，看到这场面差点当场厥过去，一边抚着自己胸口默念"他年纪小，他年纪小，我不和他一般见识"，一边板着脸道："你还记得你是哪个部门的吗？"

王徽之搔了搔头发，带出一根草叶，想了半天才答道："好像是放马的。"

有这样的下属，桓冲当真怒火中烧。

他登时就气笑了，顺着王徽之的话头道："行，放马的，那你管着几匹马呀？"

王徽之道："我也不懂养马，哪里知道数量？要不我把饲养员叫来给你问问？"说着抬腿就要走。

桓冲心说这真是没救了，忙将他拉回来道："就算马的数量太多，你搞不清楚，那你总该知道，最近死了几匹马吧？"

只见王徽之脸不红心不跳，眨巴着一双无辜的大眼睛，理不直气也壮地答道："未知生，焉知死？"①

我连活马的数量都不知道，又哪里知道死了几匹呢？

---

① 《晋书王徽之传》：又为车骑桓冲骑兵参军，冲问："卿署何曹？"对曰："似是马曹。"又问："管几马？"曰："不知马，何由知数！"又问："马比死多少？"曰："未知生，焉知死！"

这句话本是孔夫子的名言,用来阐述其着眼现世,以人为本的儒家精神。他老人家要是知道自己的话被搬出来当作旷工的理由,估计得和现场的桓冲一样气得口吐白沫。

然而王徽之最绝的,是压根不把桓冲当上司。

这天,王徽之骑着马随桓冲出门巡视,突然天降大雨,浇湿了他飘逸的头发。桓冲坐在自己的马车内,听见了窗外的雨声,正想对王徽之说,要不我们先找个地方避避雨……抬头却看到已有人满身湿透地坐在了自己对面。

王徽之:"嘻嘻,打扰啦。"

桓冲:"……"

你不应该在车里,你应该在车底,呸,应该在马上。

王徽之拧拧衣角的水:"哎,这雨下得真大啊。"

桓冲:"你搞清楚,我是你上司。"

"哦……"王徽之再次露出笑颜,"这雨下得可真大啊,领导!"

桓冲忍住把他掀下车的冲动,深吸了一口气,白了他一眼。

王徽之委屈道:"你怎么能独自坐一辆车呢?正好现在下雨了,不如我来陪陪你吧。"

桓冲算看明白了,自己这位下属对官场规矩毫无了解,就跟小孩子没什么分别。

随着了解的深入,桓冲对王徽之的印象也有了改观。这日他坐在桌案前办公,王徽之在座位上发呆,他没忍住,清了清嗓子提点道:"你来我这里也有段时日了,总这样糊涂度日怎么行?也该开始学着处理公务了。"

王徽之维持着发呆的姿势,陷入了静止,就这样过了好久。

桓冲:"喂,你听没听见我说话?"

王徽之这才回过神来,却没有答话,只是望向竹帘外的山川云霭,用手撑着脸颊道:"长官你看,西山的潮气过来了,这天地间才有了几分凉爽。"

其实桓冲早就发现了,王徽之并不像自己看到的那般颓废,他自小熟读经典,书法深得其父之势，绘画也是一绝，又精通乐理，热爱自然。只是他生来狂傲率真，心性如被池水洗涤过一般，不喜欢被官场羁缚，但琅琊王氏的处境，又令他身不由己。

他喜欢竹子，暂住的屋舍外都栽满了翠竹，最爱在竹林中吹着口哨快乐地吟唱，曾指着竹子对人道："何可一日无此君！"

他到雍州刺史郗恢家里做客，看见人家厅上的漂亮毛毯就顺回自己家里，还要嘀咕："阿乞家里怎么有这样的好东西？"等郗恢出来寻找时，他却背着双手望着天，信口道："刚才有个大力士把毛毯背走了。"惹得郗恢都想上前摸摸他的头，问他要不要再编个稍微合理点的理由。

王徽之住在山阴的时候，有天夜雪初霁，月色清朗，四望皓然。他煮酒独酌，吟诵着左思的《招隐诗》，不知哪两根神经"啪"地搭上了，忽然疯狂想念好朋友戴安道。

于是他吹灭油灯，戴好斗笠，叫醒家仆，开出私家船，连夜就往戴安道家杀去。

家仆："大人，您知道戴安道家在哪吗？他在剡县，您知道剡县多远吗？"

王徽之："我不管，我就要去。"

整整一夜过后，小船停在了戴安道家门口，筋疲力尽的家仆："真是感天动地的友情，成，您赶快进去吧别再冻着……"

王徽之："算了，不进去了。"

家仆："啥？"

王徽之："我突然想回去了。"

家仆差点当场就哭了，问大人您这图的啥？王徽之欣然道："我本乘兴而来，现在兴致尽了就回家去，何必非要见戴安道？"

直到最后，戴安道都不知道，曾有人连夜狂飙数十里，在自家门口短暂停留过。

回想起来，这个王徽之真的没有做过什么特别"正人君子"的事情，他顽皮、任性、不讲礼数，有时候甚至胡来。时人有不少批评他的，但却少有人不喜欢他，所有人不管身份如何，立场如何，都不约而同地爱护着他，就像爱护浊流中的一眼清泉。

究其缘故，大概是他有一双能让人卸下心防的眼睛，这在乱世中实在是太珍贵了。

多年后，王徽之不再年轻，于是弃官东归。

病痛无情，同时降临在他和献之身上，他与那位境界不同的六弟终究是殊途同归了。卧在病榻上，他问术士有什么办法能够回天，将献之从鬼门关拉回来。

术士告诉他："人的寿命皆是定数，若要起死回生，必须找到一位愿意以身代之的活人。"

王徽之拉住术士道："我不论才能还是品德，都不如献之，请拿走我余下的寿命，将献之换回来。"

术士望着他，深深叹息道："代死之人，须得自己有寿命可活，才能救活亡者。如今你与令弟的生命都走到了尽头，又何谈代死呢？"

果然没过多久，献之便离开了人世。王徽之听到这个消息的时候没有哭，坐着马车前去奔丧的时候也没有哭，甚至没有露出半点悲伤的神色。他进门便直接拿过弟弟平时爱弹的古琴，专注地调弦。可是弦怎么也调不好，王徽之也愈来愈急躁，最终他将琴丢在地上，眼泪大滴大滴地落下来，捂着脸悲恸道："子敬[4]，子敬，人和琴都不在了！"

话音落时，他背疾复发，当场痛昏过去，没过一个月也去世了。

许是与桓氏有缘，王徽之生前与笛圣桓伊也有过一段邂逅。当时年少的他逆流而上，桓伊于岸上乘车而过，双方素不相识，互相久仰。

"那便是桓子野。"船上有人这样告诉王徽之。

王徽之便差人向桓伊传话道："闻君善吹笛，试为我一奏。"当时的桓伊已身居高位，本可以拒绝这无理的请求，但他在听到王徽之的名字后，却欣然一笑，当即下车，坐在胡床上，横笛现场吹奏三调。笛声清韵悠远，回荡在山壑之间，使听者无不忘情。

奏罢，桓伊登车，王徽之行船，双方不交一言。

唯有那首至清至明的笛曲，被后人记载流传下来，名为《梅花三弄》。

---

[4] 子敬：王献之的字。

赵孟頫
Zhaomengfu

浮生隐曲
君子弘毅

文 玳瑁梁

ZHAO
MENG
FU

公元 1316 年，元朝延祐三年，正值初冬，天降微雪。

时任翰林学士承旨、荣禄大夫的赵孟頫，在家中书斋翻阅佛经。看到会心之处，便铺开笔墨，给他的朋友中峰禅师写信：

"手书和南上中峰和上吾师侍者……孟頫窃禄叨位，日逐尘缘，欲归未能，南望驰企……"①

一般来说，在朝的士大夫给方外高僧写信，都会写上几句鄙薄功名利禄的话，这往往是一种客套，当不得真。但赵孟頫这几句话，却是他内心真实的写照。

他提笔凝神，随后发出一声叹息。

"欲归未能"，一生的矛盾、挣扎、纠结，大半都在这四个字上了。

他是赵宋皇室后裔，宋太祖赵匡胤十一世孙，亲王赵德芳嫡系子孙。高贵的出身到了宋朝末年，已经不能保障他衣食无忧，甚至在父亲亡故后，少年的他可谓衣食清寒。生母丘夫人重视教育，督促他好好读书。他也确实天资聪颖，致力于学，用功刻苦，在吴兴声名鹊起。这期间有元朝官员数次请他出仕，他都推辞不去。

然而，靠礼貌、谦退、委曲求全的日子终于难以为继。

至元二十三年（公元 1286 年），行台侍御史程钜夫来到江南，奉旨搜访隐居江南的宋代遗臣。

程钜夫站在赵孟頫的门前，言辞客气，礼数周全，身边一众士兵虎视眈眈。

换句话说，识相，算是请你出山；不识相，就是绑你出山。

这样软硬兼施，最后搜访来二十多个人，赵孟頫名列榜首。他深知此次出仕的危害，他"前朝宗室"的身份，他"清高士人"的名声，从此便是招致积毁销骨的根由。

然而，他不能辞，不敢辞，也不忍辞。

普天之下，尽归元朝。此刻拒绝搜访，不做元朝官员，也做不得逸民，唯有一死。他的学养、他热爱的书画艺术、他休戚与共的妻子亲族，都要跟着陪葬。

那个已经灭亡十年的宋朝，值得陪着它堕入永恒的黑暗吗？

---

① 《致中峰和尚札》。

赵孟頫不知道。

他只知道，活下去，会很艰难，很痛苦，却也能做很多事情。

更何况，元世祖忽必烈对他十分恩厚。

觐见大元皇帝的时候，赵孟頫内心也是忐忑的，但素来的修养让他维持着风度。忽必烈见到了这个有盛名的江南才子，"才气英迈，神采焕发，如神仙中人②"。这个"马上得天下"的蒙古皇帝不由得眼前一亮。

"赐座，坐到朕的身边来！"

忽必烈指的位置，竟然是在右丞相叶李之上。即使是故意笼络人心，这么"优待"也是过头了些。朝臣们不由得面面相觑，更有人进言："赵孟頫是宋朝宗室子弟，不知是否值得信任？怎么能让他如此靠近御前呢？"

忽必烈置若罔闻，赵孟頫只得听命。他在四周充满嫉妒和狐疑的眼光中，走到那个位置坐下。忽必烈目光炯炯地望着他："如今尚书省刚刚成立，朕急需草拟诏书的人才。你既是江南才子，就给朕写一份颁布天下的旨意吧。"

诏书很快写完了。皇帝拿过来看，既惊艳于那清俊的书法，也赞赏那精准流畅的文笔："得朕心之所欲言者矣！"

这是赵孟頫出仕的第一件任务，是来自帝国至尊者的考验，更是称得上精彩的一次亮相。他，就此是元朝的官员，生活在舆论的夹缝之中，就此受到当权者笼络天下士人政策的恩遇，也饱受宋朝遗民的唾弃和蒙古贵族的猜忌。

然而，他赵孟頫，并不甘心一辈子唯唯诺诺。

在夹缝中，也有发光的时刻；在柔曲中，也有立身的坚韧。

"你这个南蛮子，年纪轻轻，口气倒不小，竟敢诋毁国法？奉行宝钞计赃论罪，那是大元的国策。你妄加非议，莫非是想阻碍宝钞的流通吗？"

奉旨在刑部商讨制定刑法的时候，赵孟頫便受到了这样的粗暴斥责。在座官员

---

② 《元史·卷一百七十二·列传第五十九》。

都认为贪赃至元宝钞二百贯，就该处以死罪。赵孟頫认为此条款定罪太重，尤其是宝钞在通行二十多年后，面值已经跟如今的物价不相符，改为以价值稳定的绢来换算贪赃的数额，较为合理。这番话本来纯属就事论事，没想到却招致这样的人身攻击。

看向赵孟頫的目光，大多带着敌意，有些人甚至流露出明显的幸灾乐祸。然而这个风度翩翩、斯文谦和的南方人，这次却没有退缩。他朗声说道："死刑的设定，关系到人命，轻重设置，非同小可。如今我们是奉旨议法，并非孟頫妄发议论。国策设立，也要依据现实来调整，怎么可以不讲道理，以势压人？"

那人望着正气凛然的赵孟頫，一时间哑口无言。此后，当面与他辩论的朝臣少了，然而背后的攻击却是越来越多。忽必烈几次想要重用赵孟頫，都因有人从中作梗未成。

官场和人心的险恶，给了赵孟頫更多压力，但没有得到"朝朝染翰侍君王"的职位，他也并不觉得遗憾。

他无意招惹更多的诋毁和攻击，同时也没有因此放弃做事的原则：以自己的努力，尽量影响、改变、消除朝廷的某些苛政。

族人、士人、南方人唾骂他的苟活，他却要在此间证明，活下去，能做很多事。

至元二十七年，京师发生大地震。赵孟頫时任集贤直学士，联合与他政见相同的官员，建议忽必烈免除赋税、大赦天下，减轻受灾百姓的负担。忽必烈同意了，诏书都已经拟好，送到了当时的丞相桑哥的面前。

"这不是陛下的旨意！"桑哥面对诏书，竟然勃然大怒。

众人噤若寒蝉。他们知道，桑哥之怒，是因为此前他征税时大加搜刮，中饱私囊，待征未征的税款尚有千万，他怎能容忍如此多的钱粮因一纸诏书落空？然而桑哥权势熏天，他的话无人敢反驳。

眼看诏书竟然要成为空文，赵孟頫挺身而出。这一次，他没讲什么大道理，而是从实际出发委婉劝说："丞相想想，百姓因为受灾，大多都倾家荡产，他们哪里有钱再交税呢？如果不顺水推舟地免除税赋，还按照原来的计划制定税收政策，将来税款收不上来，尚书省和丞相您不是要跟着受连累吗？"

桑哥听了这话，倒是呆了一呆。片刻后，他脸色和缓下来，不无勉强地挤出一丝微笑:"还是学士您想得周全,那就……这么办吧!"

百姓有了活路。

史书上对此书了三个字:民始苏。

桑哥从此对赵孟頫更多了一分忌惮。这个说话文绉绉的南蛮子,恐怕并不像他想的那么软弱,也不是一个单纯装点朝廷的文臣。

他看得并不错。

桑哥的专横跋扈、贪赃枉法,终于到了引发众怒的程度,也引起了忽必烈的猜疑。赵孟頫看准机会,劝说忽必烈信任的近臣彻里弹劾桑哥。

彻里对桑哥的倒行逆施早就不满,他慨然检举桑哥。经过调查,桑哥贪赃属实,终于伏诛。而赵孟頫,并没有借此飞黄腾达、接近中枢。他去了外地任职,继续着他宽和的施政方针,也在他视为精神寄托的书画艺术中不懈探索。

他书画双绝的妻子管道升,始终陪伴在他的身边,为他料理家事,与他精神呼应,互相代笔、唱和。

他写诗抒发出仕带来的内心痛苦:"在山为远志,出山为小草。古语已云然,见事苦不早。"

她便写:"人生贵极是王侯,浮名浮利不自由。争得似,一扁舟,弄月吟风归去休。"

他作画提倡贵有古意,以云山为诗,以书法入画,开一代画风。

她擅长画墨竹梅兰,笔意清绝,韵味颇深,引得元朝皇室特为收藏和赞誉。

公元 1310 年,元廷将赵孟頫召回京师,授翰林侍读学士,同修国史。

元仁宗待他依然恩厚,只呼其字不呼其名,言谈间对他也是称赞有加,认为他是本朝的李白、苏轼。

有些人想要离间两人关系,上书认为赵孟頫没有编修国史的资格。元仁宗正色道:"赵子昂是世祖皇帝选拔的重臣,朕优待他有何不妥?你们啰唆什么?"

这样的攻击,赵孟頫一生见得太多了。他并不以为意,但确实已经萌生退意。

南方的山林在召唤他。当初上京,是为时势所迫,他做了力所能及的事情,也在政治的旋涡里努力图存。可对于如今的他来说,再多的荣华不过是一个符号,他想回家。

久在樊笼里，一朝返自然。

直到外面的家人传话进来，赵孟𫖯才发现自己已经出神太久了。

书信只写了一半，而笔头的墨都已经凝固。

"什么事？"他定了定神，问道。

原来是宫廷御府的官员，奉旨给他送来貂鼠皮裘。

"学士数月不到宫中，陛下听说学士年老畏寒，特意赏赐的。"

御赐的裘皮，如此轻软。

赵孟𫖯谢恩。

遣退了众人后，他润开了笔墨，写下了一首《自警》诗：

"齿豁头童六十三，一生事事总堪惭。惟馀笔砚情犹在，留与人间作笑谈。"

至治二年夏，赵孟𫖯病逝家中。是日也，仍观书写字，谈笑如常，至黄昏，安然离世。

后人有鄙薄他"降元"，诋毁他笔法"谄媚"的议论。

他留下的精彩书画，却分明显露着犀利的线条和立体的墨色。

活下来，确实能做许多事情。

颜真卿
Zhenhanzi
铁血大唐真汉子

文 拂罗

颜真卿出生在公元 709 年，正是诗仙笔下令人梦魂萦绕的盛唐时期，他祖上是鼎鼎有名的文学家颜之推，著有《颜氏家训》。有这般来头，按说该是个书香门第吧？但颜家祖辈当官过于清廉，到颜真卿这一辈三岁丧父，家道就这么衰败了，府上除了书还是书。

颜真卿啃着书长大，在母亲的悉心教导下，写出"三更灯火五更鸡，正是男儿读书时。黑发不知勤学早，白首方悔读书迟"这样的诗句，家里没纸笔，他就用黄泥蘸水在墙上练字，立志报效祖国。

报效祖国就得当官，当官就得考试。颜真卿和众多学子一样奔赴考场，二十五岁高中进士甲科，算是初步踏入官场。他从基层县尉做起，经两次升迁成了监察御史，四十岁的时候，调入中央当了殿中侍御史。

总而言之，就是和黑恶势力对着干，负责向皇上打报告的职位。

这个职位干好了是奉旨得罪人，干不好是奉旨敛封口费，非得是刚正不阿的人来做不可，恰恰颜真卿就是这么个正直不阿的人，这职位简直是为他而生的。

颜真卿深受百姓爱戴，他在巡查五原时平反冤狱，久旱的天居然当即下起了雨，百姓们乐得直磕头，说这是及时雨宋……啊不是，是御史雨①。

雨当然和颜真卿没关系，但可见他在百姓心目中的地位之高。在四十岁的时候，颜真卿被调入中央当了殿中侍御史，这个官是做啥的？还是搞监督的，只不过这次监督的对象变成了百官，主要监督殿庭礼仪。

按理说这下颜真卿可算事业有成了，但京城云集了太多覆手风云的大人物，可谓是人心争斗的黑暗旋涡，多少文人墨客就是栽在"清流"这个词上。耿直的颜真卿很快成了朝堂里的异类，不受人待见，尤其是不受当时宰相杨国忠的待见。

当时杨国忠手下陷害忠良，颜真卿看不惯这事儿，愤怒地站了出来。②他因此得罪了杨国忠，被几次外调边塞又回京，好友岑参还写过诗送行。到公元 753 年，杨

---

① 《新唐书》：再迁监察御史，使河、陇。时五原有冤狱久不决，天且旱，真卿辨狱而雨，郡人呼"御史雨"。复使河东，劾奏朔方令郑延祚母死不葬三十年，有诏终身不齿，闻者耸然。
② 《新唐书》：时御史吉温以私怨构中丞宋浑，谪贺州，真卿曰："奈何以一时忿，欲危宋璟后乎？"宰相杨国忠恶之，讽中丞蒋冽奏为东都采访判官，再转武部员外郎。国忠终欲去之，乃出为平原太守。

国忠终于找到机会将他彻底踢出京城,到偏远的河北一带当了平原太守。

官场果然是起起落落。

颜真卿再折一枝京城柳,深深回望一眼京城,挥手作别。

平原郡属于节度使安禄山的管辖范围,上任不久,颜真卿立刻发现了原来最大的威胁不是恶劣的环境,而是安禄山的不轨之心!此时距离安史之乱仅剩两年。正是边塞风雨欲来,长安歌舞不休,那一骑红尘传达的不是边关战报,而是李隆基博妃子一笑的艳红荔枝。

公元755年,"安史之乱"爆发,多年不曾经历过战乱的大唐瞬间沦陷掉半壁江山,叛臣安禄山迅速占领东都洛阳,自称大燕皇帝。

当河北诸多郡县相继沦陷,远在京城的唐玄宗仰天叹息:"河北二十四郡,莫非无一忠臣?"③

此时,有一骑使者匆忙赶赴长安,禀报战乱,正是平原郡太守颜真卿派来的,他们发誓誓死抗争!唐玄宗大喜:"我平日不了解颜真卿,他办事竟如此杰出!"

乱世现英雄,唐玄宗万万没想到,一介书生竟提前预料到了安禄山的反叛。原来颜真卿为了不打草惊蛇,假借天气恶劣为由,加高城墙,准备粮草,招兵买马,表面上依然和其他文人吟风弄月,骗过了安禄山。

安禄山:"噫,想不到你也是个白切黑。"

颜真卿:"呵。"

人心惶惶之际,颜真卿在城西门对将士们发表一番慷慨激昂的讲话,痛斥逆贼,动情处热泪横流,军心一振,台下山呼海啸,周围许多郡也纷纷前来助力,凝成一股抗贼力量。当时叛军刚攻下东都洛阳,安禄山派使者将洛阳三位守将的头颅送过来示威。

安禄山:"看见没有?再抵抗,这就是下场!"

---

③《新唐书》:安禄山逆状牙孽,真卿度必反,阳托霖雨,增陴浚隍,料才壮,储廥廪。日与宾客泛舟饮酒,以纾禄山之疑。果以为书生,不虞也。禄山反,河朔尽陷,独平原城守具备,使司兵参军李平驰奏。玄宗始闻乱,叹曰:"河北二十四郡,无一忠臣邪?"及平至,帝大喜,谓左右曰:"朕不识真卿何如人,所为乃若此!"

颜真卿:"呵。"

为了不让军心动摇,颜真卿下令斩了使者,又将三个头颅藏起来:"我认识这些人,这些头都不是他们的,放心吧。"④

过了些时日,颜真卿才偷偷用草编成身体,接上这些头颅入殓,强压的悲愤涌上心头,他不禁对灵位失声痛哭。

山河飘零,东都沦陷,前路如何?

颜真卿很快擦干眼泪,他不能哭,他的名字是一面旗帜,不能倒下。藩镇将领刘正臣准备率军归顺,颜真卿大喜,不仅送去十万军费,甚至将自己十岁的儿子送去当人质,以表决心。⑤

河北十七郡同时投奔颜真卿,推选他为主帅,率二十万军与叛军抗争到底。当时李亨已在灵武登基,颜真卿便经常与新帝书信往来,后来史思明大军袭击河北,眼看河北仅剩三军,且人心不齐,颜真卿忍痛放弃平原郡,颠簸上路,拜见李亨。

临行以前,偶然回头望,家国满目疮痍。

再一望,颜家满门尽忠烈。

安史之乱历经八年,战火烧了八年,后来颜真卿因平叛有功被调回中央任职,卸下一身硝烟再归家,只见满堂静默的灵牌:堂兄、侄子……颜家为国牺牲者三十余人。

乱世,乱世!

颜真卿提笔铺纸,悲上心头,挥笔作文,一气呵成作《祭侄文稿》于世,祭奠英魂。

这是一个灵魂跨越古今对乱世的控诉,仿佛要穿透文字、穿越盛唐,嘶吼出声,故而后世临帖者,往往临摹至半,沉痛难忍,需缓一口气,将这乱世的悲气放归天地,方能继续。

乱世已经结束,颜真卿平叛有功,这下总该在朝堂占有一席之地了吧?然而并

---

④《新唐书》:贼破东都,遣段子光传李憕、卢奕、蒋清首徇河北,真卿畏众惧,绐诸将曰:"吾素识憕等,其首皆非是。"乃斩子光,藏三首。它日,结刍续体,敛而祭,为位哭之。
⑤《新唐书》:会平卢将刘正臣以渔阳归,真卿欲坚其意,遣贾载越海遗军资十余万,以子颇为质。

没有。

颜真卿的官场轨迹基本是这样的：被新帝召回来，得罪当朝宰相，被新帝撵走，下一任新帝上位再召回来。

"大人，新帝说您能回去啦。"

"大人，新帝说您还是走吧。"

……

转眼就到了唐德宗继位时期，此时的宰相叫卢杞，这位卢杞也看颜真卿不顺眼，觉得他叽叽歪歪忒烦人。

安史之乱虽然平定，但各个藩镇从此成了隐患，形成独立割据的局面，到了公元783年，淮西节度使李希烈叛乱，攻占汝州，卢杞脑袋里亮起个灯泡："嘿，我何不让那颜真卿去送死？他不是平过叛吗？他厉害，他凭一张嘴去平叛啊？"

于是卢杞建议派颜真卿前往李希烈大营，传达朝廷旨意，唐德宗点头同意："行，去吧。"

消息一出，群臣哗然，许多人为颜真卿上奏说话，许多人劝颜真卿不要去。

颜真卿只说了句："皇上旨意，是臣能违抗的吗？"

他为之操碎了一辈子心的大唐，如今竟让他去送死！

颜真卿没有回头，一路颠簸来到敌营，李希烈一心想给他个下马威，提前安排部将千余人聚在内外，等到颜真卿宣读圣旨，这千余人就提刀涌入，刀尖相向，谩骂威胁。

颜真卿面不改色，他是经历过安史之乱的人，曾见兵临城下十万余兵戈，会怕这些小伎俩？

李希烈自讨没趣，这才让众人退下，又将颜真卿软禁起来，逼他写信给朝廷为自己洗白，颜真卿一笔未动。

李希烈曾让人点起火："看见没有？再不写就烧死你！"

颜真卿起身就往火里跳，被周围人惊恐地拦住。

李希烈终于意识到，这人不是一般的倔。

再后来李希烈占领汴州自立为皇帝，派人询问颜真卿登基仪式的事："老颜啊，你看咱们都各退一步,你就服个软成不?"

颜真卿凛然回答:"我掌管国礼,但只记得诸侯朝见皇帝的礼,不记得什么贼子谋权的仪!"⑥

后来李希烈节节败退,颜真卿料定对方必不会放自己回京城,便提前写好了给唐德宗的遗书、自己的墓志和祭文,面朝寝居西墙,长叹一声:"这就是我放尸体的地方啊。"

那是他再回不去的长安。

颜真卿果然没能再活着回京,当时李希烈的弟弟被杀害时,李希烈因此迁怒于被软禁的颜真卿,派宦官带着赐死的诏书来见他。

"皇上有诏——"

颜真卿一拜再拜:"臣使命未完成,罪该当死,这圣旨是哪天从长安来的啊?"

宦官道:"是从大梁来的。"

颜真卿恍然大悟,原来这是李希烈的伪诏!他怒极颤巍巍地站起,指着宦官破口大骂:"逆贼也敢称圣旨!"⑦

宦官二话不说,将其缢杀,死讯传到京城,三军恸哭,半年后李希烈之乱被平定,颜真卿灵柩得以回京,德宗为其废朝五日,赐谥号文忠。

颜家三十多位灵牌,端端正正地多了颜真卿的名字,一撇一捺,都是那遒劲的颜体。

在命运岔路口,总有人毅然选最艰难的那条,有些人的悲剧注定无法避免,也因这悲剧,他的国与他融为一体,成了漫长历史上的民族符号。

这也是颜真卿在自己的人生里,慢慢收尾的最后一划。

---

⑥《新唐书》:希烈僭称帝,使问仪式,对曰:"老夫耄矣,曾掌国礼,所记诸侯朝觐耳!"
⑦《新唐书》:中使曰:"有敕。"真卿再拜。中使曰:"今赐卿死。"真卿曰:"老臣无状,罪当死,不知使者几日发长安?"使者曰:"自大梁来,非长安也。"真卿曰:"然则贼耳,何谓敕邪!"遂缢杀之。

 子　瞻
526413 人在看
＋关　注

热　　　度
9 5 8 4 4 3 6

苏轼：我的吃播日常

文 / 老鼠吱吱

 东坡迷妹：东坡肉东坡肉东坡肉！

 小仙女：给东坡大大打 call！

吃货在这：东坡大大怎么又被贬官了？

子 瞻

526413 人在看

＋关 注

热　　　度
9 5 8 4 4 3 6

东坡肉

　　"大家好，今天带大家来品尝的这道菜呢，食材非常普通，基本上人人都见过、吃过。没错，就是弹幕里大家都在刷的猪肉。我为什么今天要做这道菜的吃播呢？原因嘛……还不是因为我又被贬官了，身无分文被发配到黄州这个蛮荒之地，任谁都要说一句，我太难了。"

　　苏轼背后的炉上摆着一口小砂锅，锅盖早已被擦得锃亮，气孔处正不停地冒出散发着香味的白烟。

　　"但是呢，俗话说得好，不蒸馒头争口气，我转念一想：馒头？！哪里有馒头！我要吃！咳咳……总而言之，来到黄州以后，我就发现这里的猪肉价格非常便宜，便常常买回来吃。"

　　屏幕中出现一只手将锅盖轻轻掀开，当中正是一块被煮得酥软的猪肉。只见苏轼用一只筷子轻轻一戳，肉皮即软了。那猪肉色泽红润，酱汁浓稠，风味香醇。他慢慢盛出肉，深深地吸了一口气，带着几分小得意说道："要煮出这么好的肉，诀

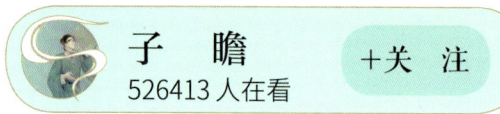

子 瞻
526413人在看   +关注

热　　度
9 5 8 4 4 3 6

窑是小火慢炖，不要催它，等火候到了，味道自然极美。那些富贵人家不肯吃，而那些贫困人家又不会煮，所以给我捡了个大便宜，每天起早打两碗，吃得肚子圆滚滚。"

眼前的肉已被咬下一大口，肥瘦相间的口感让苏轼惬意地微微眯起双眼，像一只满足的猫咪。任谁也想不到，这样一个人，刚刚经历了牢狱之灾，几乎被置于死地。

"太好吃了！我决定把这种做法的肉叫作'东坡肉'！这次的吃播就到这里了，我是你们的美食博主苏东坡，让我们下期节目再见！对了，喜欢我节目的可以'三连'起来哦！"

《猪肉颂》

净洗铛，少著水，柴头罨烟焰不起。待他自熟莫催他，火候足时他自美。黄州好猪肉，价贱如泥土。贵者不肯吃，贫者不解煮，早晨起来打两碗，饱得自家君莫管。

9 用户东坡：笑眯眯地摸着肚子，打出一个饱嗝儿。

9 苏苏子：想吃！但是怕长肉肉！

9 食物语111：啊啊啊啊，东坡肉，我的最爱！

子　瞻
526413 人在看
+关注

热　　　度
9 5 8 4 4 3 6

水煮鱼

　　苏轼刚被贬到黄州，此前一直官卑职微，到处做些小官，到湖州仅两月便下御史台狱，年轻时的抱负均成泡影。

　　常人要遇到这些事，早就食欲不振，成日愁眉苦脸了。苏轼则是：别拦着我，我还能吃！

叮咚！您关注的吃播博主"爱你小东坡"上线！

　　"铁子们，又见面了！长江绕郭知鱼美，好竹连山觉笋香。今天就来教大家怎么做鱼吧！

Step1：新鲜鲫鱼或鲤鱼洗净去鳞后，放在盛冷水的锅里。

Step2：放适量盐。

Step3：加入黄芽白和葱白数段一起下锅煮，要彼此分开，不要弄乱。

 子 瞻　　　+关 注
526413人在看

热　　　度
9 5 8 4 4 3 6

Step4：把少许已拌匀的生姜片、萝卜汁和酒一起倒入锅内。

Step5：等到鱼快烧熟时，再加点橘皮丝。①

"这道菜的滋味好到无法形容，老铁们可以在家尝试一下哦！"苏轼刚烧好鱼，便看到窗外有人影经过。

"看看，每次一到吃饭的时候，就有人闻着香味来我家蹭饭！"苏轼慌忙端起盘子，将鱼藏到了碗橱顶上。

"子瞻！"来者一进门便亲近地叫着，原来是苏轼的知交好友及门下学生黄庭坚，两人常常以斗嘴为乐。

苏轼："哼！"

东坡大大，你被我发现啦！
啊啊啊，黄庭坚大大来啦！
大大给我留点……
我也要吃鱼！
好简单，我也要做这盘菜。

①《煮鱼法》：子瞻在黄州，好自煮鱼。其法，以鲜鲫鱼或鲤治斫冷水下入盐如常法，以菘菜心芼之，仍入浑葱白数茎，不得搅。半熟，入生姜萝卜汁及酒各少许，三物相等，调匀乃下。临熟，入橘皮线，乃食之。其珍食者自知，不尽谈也。

子瞻　　+关注
526413 人在看

热　　度
9 5 8 4 4 3 6

黄庭坚不怒反笑："今天来向子瞻兄请教，敢问苏轼的苏怎么写？"

这种问题对大文豪苏轼来说太简单了，他不满地拉长脸："苏者，上草下左鱼又禾（蘇）。"

"那这个鱼放到右边可以吗？"

"也可。"

黄庭坚慢悠悠又道："那这个鱼放上面行吗？"

"哪有鱼放上面的道理……"

苏轼刚一说完，就意识到不对，果然黄庭坚咧出笑脸："既然子瞻兄也知晓这个道理，那为何还把鱼放在上面？"

"你为了吃我的鱼算计我！"苏轼差点被气成河豚。

这期的美食吃播，在两人一边吃着鱼肉，一边欢乐的斗嘴中拉上了帷幕。

9 叉烧菌：子瞻大大！吃多了大鱼大肉我们想看蔬菜！

9 虾饺饺：附议。荤素搭配啊！求出一期蔬菜专题节目！

9 烧鹅飞了：子瞻大大快回来更新啊，我敲碗等看。

 子 瞻
526413 人在看　　+关 注　　　热　　度
　　　　　　　　　　　　　　　9 5 8 4 4 3 6

　　元丰七年十二月二十四日，苏轼跟泗州刘倩叔一起游览南山。早春时节，淡淡的烟雾和稀疏的杨柳使放晴后的沙滩更加妩媚，天气虽然还有些冷，但洛涧入淮后的水势也着实壮观好看。

　　苏轼一行人累了，便决定来一次滋味丰富的野餐。

　　"蔓菁宿根已生叶，韭芽戴土拳如蕨。"春天的菜呢，时令是最重要的，在冬天刚过气温回暖的日子，苏轼就对着韭菜苗流口水了……

　　"大家下午好！上期的评论中有很多朋友想看蔬菜。这不，这期咱们就以春菜为主题吧！"

　　只见苏轼先喝了一点茶，驱散刚刚行走的疲惫，煎茶时不断有白沫往上浮。这时满屏在刷："大大，茶里有毒。"

 子 瞻　　+关 注
526413 人在看

热　　度
9 5 8 4 4 3 6

茶里有毒？
　　茶里有毒？　　　　　茶里有毒？
　　　　　　茶里有毒？

　　　　　　　　　　　　　茶里有毒？
　　　茶里有毒？
　　　　　　　　　　　　　茶里有毒？
茶里有毒？

苏轼耐心解释道："宋人以讲茶泡制成白色为贵，所谓'茶与墨正相反，茶欲白，墨欲黑'。"

接下来苏轼准备吃春盘。又有弹幕在刷："什么是春盘？求科普。"
"春盘呢就是在立春时将蔬菜水果、糕饼等装盘馈赠给亲友的东西。"
苏轼边吃边喝，蓼菜嫩芽更吃得满嘴鲜美，十分惬意。
吃饱喝足的小天才苏轼的脑袋转了转，忍不住感叹道："雪沫乳花浮午盏，蓼茸蒿笋试春盘。人间有味是清欢。"
哪怕是一些蔬菜，苏轼也能在冬日里体会到几分晴朗和希望，所谓吃货便是如此，在最难的生活里，做最开心的小猪。

 子 瞻
526413 人在看 ＋关 注

热　　　度
9 5 8 4 4 3 6

荔枝

　　公元 1094 年，苏轼被贬到了惠州。岭南一带的惠州在宋时是罪臣时常被流放的地方，到了这儿的迁客逐臣无一不是人生失意，常常有颇多埋怨。只有苏轼到了这又兴冲冲地继续他的吃播：

　　"我第一次在惠州吃到荔枝！没错，本期我将带领大家步入水果的世界。荔枝可以说是我最喜爱的水果，它的外形圆滚滚的，果肉却状若凝脂，一口咬下时清香多汁！"

　　这种水润润的水果一下就捕获了苏大文豪的心，他立刻提笔写下："罗浮山下四时春，卢橘杨梅次第新。日啖荔枝三百颗，不辞长作岭南人。"

　　"如果让我每天吃三百颗荔枝，我宁愿离开故乡做岭南人！"在惠州荔枝的带货路上，苏轼越走越远。

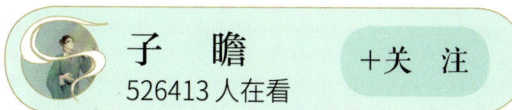

子瞻
526413人在看
+关注
热　　度
9584436

"荔枝外面是海上妖女的红袄，里面则是下凡仙女的薄纱，根本不需要杨贵妃的代言也能有不错的销量，因为它自身就有绝世的容颜！也不知道老天爷遗留这东西在世界上，是有意还是无意！"说完，苏轼又吃了一颗。

9 吃不胖呢：大大，荔枝吃多了上火。

9 饭团团儿：岭南水果带货第一人。

橘子

"荔枝虽好，但含有大量的糖分，大量摄入之后容易出现口干舌燥的现象，我们也得吃些其他的水果。"说完，苏轼将手中的橘子慢慢剥开，那芳香的水雾喷洒出来，让人惊喜不已，他带着几分小心翼翼去品尝那新

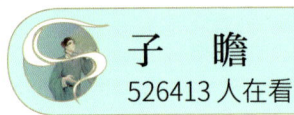 子　瞻　　　　+关　注
526413 人在看

热　　　度
9 5 8 4 4 3 6

　　橘，然后感受甜中带酸的汁水在齿颊间如清泉流过。

　　苏轼手捧着几个橘子，脸上满是又惊又喜，这是独属于吃货诗人的时刻，他在这小小的橘子中感受到了一阵阵的甜蜜。

　　苏轼在品尝每一种水果时，观众都能感受到他那颗雀跃的心。

 用户东坡："香雾噀人惊半破，清泉流齿怯初尝。吴姬三日手犹香。"大家快来看看这首《浣溪沙·咏橘》。

 小仙女：为大大打 call！

第四章 护一国黎民苍生

Mission List ——｜任·务·单｜

请愿人：潘安

朝代：西晋

任务背景：在即将迎来"八王之乱"的西晋，皇族争权愈发激烈，在这之后赵王司马伦夺权成功，这将牵连断送一批人的性命，潘岳俨然在列。

请愿人身份：原名潘岳，西晋文学家、目前任黄门侍郎，有"美姿仪"记载；文采被誉为"潘才如江"；政绩突出，曾在河阳种满桃花，有"河阳一县花"的典故；为人孝顺专一，与妻子杨容姬十岁定亲，早年丧妻后再未续弦。与石崇等人交好，政治上攀附贾谧，是其麾下文人集团"金谷二十四友"中的重要人物。

执行人：02号

备注：系统检测，本次请愿人判定为[危险]，曾经因恶意篡改系统，无法评定成功率，02号曾穿越

"如彼翰林鸟，双栖一朝只。如彼游川鱼，比目中路析……"

她离开后，他时常徘徊在那些桃花树下，写下一首又一首悼亡诗。过去多久了？他自己也记不清，他只能小心翼翼地藏好那张纸，静静等待着。

直到今天。

"潘大人！"

"是潘大人的车！"

男男女女追着嚷着，向他的车上掷花果，甚至还有个姑娘用力过度，花果直直砸在他的胸口。潘岳本应早就熟悉这番光景，唯独今日，他神差鬼使地瞥了一眼。

于是再也没能挪开目光。

等到你了。

他慢慢拾起那果子，薄唇扬起笑意。

1

"那是潘大人的车!"

你出现在推搡的人群之中。

这次居然没有从天而降!惊喜了没多久,你就被疯狂追车的姑娘们挤得怀疑人生,踮脚往前看,勉强看清了车里那官员的侧影,根据颜值判断,此人正是潘岳。

姑娘们推搡着你往前走,居然把你挤到了追星第一线,不少人往车里掷花果,那架势,好像要砸死她们的爱豆。

你看了一会儿,发现潘岳连头都没回一下。

是个不好接近的人啊……不过更重要的问题是,这次你是出现在茫茫人海里的,这该如何引起他的注意啊!

你决定……

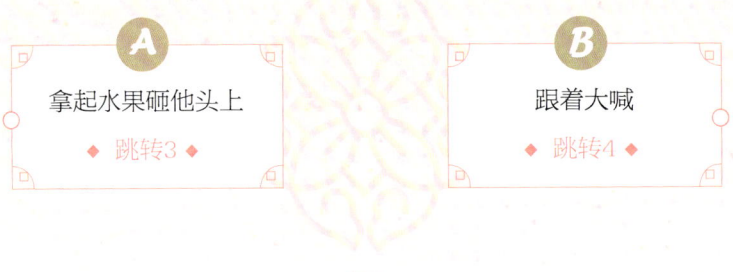

2

既然是潘母的请求,那也算是愿望的一环吧,你很快追上了潘岳,拦下他的车,将潘母的话复述给他。

"本官去不去,由你决定。"潘岳让马车停下,笑着朗声问你,"想不想去街上转转?只要你说一声'想',本官就不去宴会了。"

世上还有这么简单的条件?

你……

3

做迷妹，就要做最特立独行的那个。

你发动【百战百胜】冲到人群最前面，拾起地上一个果子，掂量掂量，毫不犹豫地朝着大众男神潘岳的脑门砸了过去。抛物线计算有误，低了一点点，砸在了潘岳的胸口，滚落到他腿上。

此举果然引起了潘岳的注意，他抬起头，朝着你这边望过来，好像还在你身上定格了一瞬间，一抬手让车停下。

作为掷果凶手，你立刻受到了诸多仇恨目光的洗礼。

这反应……太强烈了吧！你讪笑着向后退去，众多热情的姑娘愤怒地朝你围来。完了完了，作死了，按照发展这个时候应该要从头再来了吧？

你紧张地闭上眼，迟迟没有听见系统提示，周围却渐渐安静下来。你纳闷地睁开眼，发现人群让开了一条路，潘大人竟拿着果子，下车朝你走了过来。

"你丢的？"潘岳走到你面前，嘴角扬起一丝捉摸不透的笑。

"我丢的。"你发出干笑，"潘大人好眼力，哈、哈……我有要事找大人，还记得许过的愿望吗？我来实现你的愿望……"

"哦？愿望？"潘岳掂量掂量果子。

你生怕下一刻它就砸在你头上，连忙退了退，却被他一把抓住衣袖。

"往哪去？"

"不是不是，我没想逃命！"你拼命辩解，"那个，大人，男女授受不亲……"

"先说好，你不逃跑。"

这人咋这么记仇？

听你对天发誓不离开，他才慢悠悠地松手，领你往车上走去："走吧，愿望的事，车上谈。"

你坐在潘岳的车上，很慌。

潘大人好兴致，用衣袖仔细擦擦果子上的灰尘，递过来："吃吗？"

你惶恐接过，咬了一口："那个，潘大人的愿望是什么？"

"唔，愿望……"潘岳望着窗外，沉吟着，怎么看怎么漫不经心，"以前来过这儿吗？"

京城？你摇头。

"也好，哪天本官带你转转，京城不比河阳县，不过必定会有你喜欢的去处。"

河阳县，那不是他当县令种花的地儿吗？历史上的第一美男怕不是个自来熟吧？

"大人，还没说你的愿望呢。"你又问了一遍。

"愿望……你可知道本官的亡妻？"

总算有任务目标了，你连忙点头。

"阿容和家母感情很好，阿容离开后，家母总是以泪洗面，如今犯糊涂时还会唤起她。"他叮嘱你，"你便住在本官府上，冒充亡妻让老太太开心开心。"

"啊？"你目瞪口呆，这年头真是啥愿望都有，"可这……不会露馅吗？"

他笑着看着你，语气意味深长："放心吧，不会。"

看来在潘岳被卷入八王之乱之前，你是走不了了。

在他的安排下，你搬进潘府，轻轻松松实现了无数西晋少女的梦。他引你拜见糊涂的老太太，潘母紧握着你的手不肯放开，老泪盈眶："回来就好啊……好久没吃到你做的饭了……"

你最见不得老人家流泪，连忙发挥演技，完美代入杨容姬："是啊，娘，我回来了……我这就给您做饭去！"

恭恭敬敬走出屋，你松了口气，忽然听见一声轻笑，抬头冷不防瞧见潘岳，原来他一直守在门口："本官也想吃。"

"想得美，愿望条款里可不包括假戏真做。"你白了他一眼。

日子一天天过去。这次任务格外轻松，没多少要抉择的地方，还能悠闲地晒太阳。不过让人纳闷的是，潘岳好像比你还入戏，吃穿用度都给你最好的，甚至偶尔官场的事，他也回家跟你唠叨。

这个人热衷于官场往来。

你渐渐看见他"趋世利"的那一面。西晋开国功臣贾充的外孙贾谧权势浩大，常常宴请文人，讨论文学。被宴请的二十四人皆是大文学家，其中就包括潘岳。潘岳常常和他们聚在石崇的金谷园里谈论文学。

你明白,他意在附会贾谧,甚至远远见贾谧乘车时的飞扬尘土,便开始行礼。

你遇见的潘安,已不是弱冠青年时的他。

你能从他捉摸不透的笑意里窥见几分野心,偏偏他生了一副纯粹的文人面庞,如此清贵而高华,就连谄媚贾谧时都显得坦然。

距离历史上潘岳遭到牵连的那一日也渐渐近了。

就在潘岳前往金谷园的某日,糊涂的老太太忽然清醒了片刻,抓着你的手哭道:"岳儿就是不安分,迟早会招来祸端啊……快追过去,别让他去参加贾谧的宴会了!"

这……潘岳的心愿是哄母亲开心,可如今这个请求,你是同意还是不同意呢?

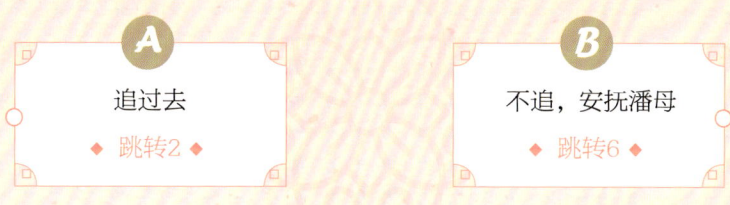

④

"潘大人!潘岳!潘安!"

你跟着疯狂的人群大喊,换了好几个称呼,无奈潘岳压根没看你一眼。也不怪他,你的声音淹没在无数喊声里,太过渺小了。

你只好眼睁睁地看着潘岳远去。

达成结局【泯为众生】

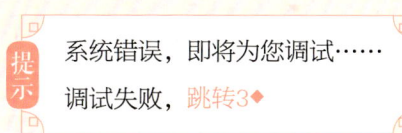

啊?怎么回事?

⑤

"好啊。"你点点头。

潘岳眼中亮起神采,在下人的惊呼声中跳下马车,一把牵起你的手大步向前去,早已走过弱冠岁月的人，此时却像个少年般开心。

"果然，你会答应。"

"你为什么知道？"你好奇地问。

潘岳笑而不答，他旁若无人地牵着你，在众多女儿家艳羡的目光里，你们快步走过京城熙攘的街市，一直逛到华灯初上也不觉得疲惫。

潘岳买下一枝商贩篮里的桃花递过来。

"大人喜欢桃花？"

"有人比本官更喜欢，喜欢到让本官为她栽下一县的桃花。"

你似懂非懂地点头，是杨容姬吗？

潘岳却答非所问，悠悠开口："本官十二岁那年，家里来了一位贵客，名儒杨肇，还领着他十岁的小女儿同来。小丫头调皮得很，东看看西望望，跟在本官身后一口一个潘哥哥，混熟了之后愈发无法无天，有时居然装作不认识，藏在人群里跟着朝本官丢果子，正砸在头上，疼了三天。她那样的姑娘，除了本官，还有谁能降服？所幸本官十二岁便有先见之明，提出婚约降了她。再后来，她缠上了本官，弥留之际还抓着本官的手，说让本官等。本官等啊等，转眼就等到了今天。"

"还想不起是谁吗？"他话语一顿，温柔看你，"本官眼睛里的那个人。"

他在说什么？

你从他盛满笑意的双眼里看到你自己。

往日捉摸不透的笑，看清之后，分明是久别重逢的喜悦、感慨、害怕再失去的惶恐……

你下意识摸了摸自己的脸，仿佛有什么东西正寸寸剥离。

"我带你离开京城，去一个谁也不知道的地方生活，好吗？"他轻声问。

"我是……"

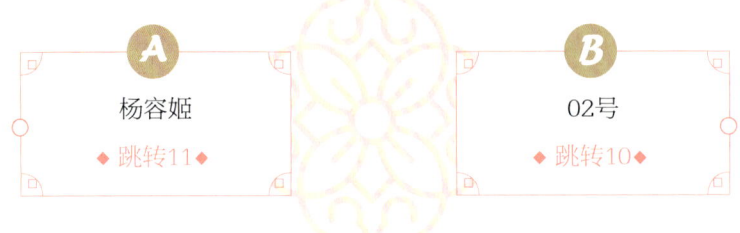

6

你安抚潘母睡下，放弃了去追潘岳的念头，改变历史，这不在你的任务范围内。

系统提示！

久违的系统音终于响起，你心里"咯噔"一声，难道这个会降低成功率？

> 系统调试失败……**跳转到12** ◆

7

你不想去赏花。

潘岳沉默一下，缓缓点头："好，我不怨你。"

"你已经不是你了，我该放你走了……"

你目送着他离去，始终想不通这句话的含义，系统却紧急提示这次任务出错，强行召你回去。

达成结局【系统错误】

8

你等待着他的回答：愤怒、失望、伤心……可这些统统都没有发生。

他只是沉默着，慢慢收回了伸出的手。

半晌，这只手放在你的头上，他抚了抚你的头发，轻轻地笑："等什么呢？你自由了。"

系统提示您：任务完成，即将离开副本——

"你知道我的愿望是什么吗？"

"我的愿望，是行你所愿。"

达成结局【行你所愿】

9

时间倒转，场景重构，连天灯影描摹出男子高挑的身材，金色的灯火映上他神情温柔的脸庞。

他朝你抬起手,微笑着:"只要你开口,我说到做到。"

你忽然想起十岁那年随爹爹一同看过的好春光,还有那同春光般漂亮的少年,他眉宇间稚气未脱,一字一句,坚定不移:"我要娶你,说到做到。"

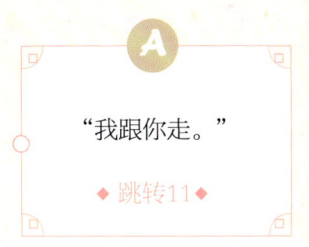

"我跟你走。"

◆ 跳转11 ◆

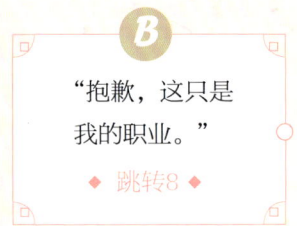

"抱歉,这只是我的职业。"

◆ 跳转8 ◆

⑩

你甩开他的手。

你听不懂他在说什么,惊恐地匆匆逃开,潘岳追过来几步,他从衣襟里拿出半张字条,想递给你,却被你远远甩在人群后。

◆ 系统错误,执行人员状态异常。◆

你的脑海一片混乱。

"容儿,别玩了,快来见见潘家的小公子……"

不知谁的记忆涌了上来。

"你这丫头,躲在人群里朝我扔水果也就算了,还扔在我脑袋上!"

是谁?

"容儿,我要娶你,说到做到。"

你知道,因为擅自逃离,你没有完成本次任务。可脑海里的这些声音是谁?你胡乱跳转几次时间,来到了历史上晋惠帝执政时的永康年间。

你站在潘府门前,已是满目萧条,不见那个朝你笑的男子。

潘岳与众多附会者皆被抄斩,诛三族。

你愣愣地站着,有人将一张字条递过来,说是潘大人临上囚车前托人交给你的。

02号曾穿越至西晋王朝，化身孩童杨容姬执行任务，与本朝古人潘岳相恋，私奔二十余年，严重违反条例。后被系统强行回收（杨容姬身份病逝），清除记忆。

等我回来

跳转到9 ◆

⑪

系统出错，执行人员02号失去联系……

执行人员02号确认失踪……

同时历史人物潘岳于"八王之乱"前辞官归隐，从此史册再无记载。

又一年。

你从集市归来，见他在花下等你。

河阳县今年依然桃花灼灼，漫山遍野，绯云交映。

潘岳本是负手面朝花树站着的，听到你的脚步声渐近，他在霞光里一回身，卸去昔日官宦气，粗衣白裳，笑容比漫天暖色更温柔。

"我带你回家。"

达成结局【厮守终生】

⑫

你稀里糊涂地来到了这儿。

怎么回事？一开始的系统错误已经让你感觉很奇怪了。

系统提示……跳转到2 ◆

为什么系统不让你离开这里，一定要追过去吗？

孙策

江东男神的进阶之路

文 一言

站在有些陌生的院子里,身着长衫的英俊少年眺望着院墙外随风摇摆的墨绿柳枝,长长地舒了一口气。

自年初举家搬到寿春城以来,几乎每日都会有所谓的名士前来拜访。而这一年,父亲接到了袁术的书信后领兵出征,共伐董贼,两位姐姐不便与外人相见,几位弟弟又皆年幼,接待宾客的重担自然地落在了少年的肩上。

在待人接物方面,少年还算擅长,如此数月,甚至在坊间获得了上佳的名声。然而少年却对此不以为意,他知道,那些所谓名士的真正目的是结识自己的父亲,若是真心想为汉室出力,何不直接加入讨伐董卓的队列?少年在心底嗤笑了一声,放下此事，为另一件真正重要的大事头痛起来——三位弟弟的教育问题。

先贤有云，长兄如父。自己是长子，父亲又不在身边，自然得担负起对弟弟们的责任，可问题是——

"这几个臭小子，趁着我在屋内与人闲谈，又跑到哪里玩去了？"

无奈地摇了摇头，少年迈步走向前院，准备去城中街巷里把三个弟弟逮回来。

没走几步，少年突然听见院门方向传来二弟清脆的童音。

"长得特别好看的小哥哥，这里就是我家！"

快步走到前院，少年立刻看到了三位弟弟，以及被他们拥簇在中间的那个少年郎。

稍显瘦弱的体格、白皙的肤色、柔和的眉眼，少年下意识眨了眨眼睛，突然觉得二弟说得真对。

不等开口询问，那位少年郎便拱手浅笑道："想必您就是孙策了？"

"正是在下，"孙策不愿失了礼数，回礼后才问道，"敢问……你是？"看对方与自己年岁相仿，少年想了半天，还是没有加敬称。

"在下舒县周氏子弟，周瑜。"

孙策心生疑问——舒县周氏乃是真正的名门望族，若此人真是周氏子弟……怎会孤身一人来到寿春？

周瑜并未在意孙策的反应，温柔地请三位小孩子先行进屋后，这才带着颇有深意的笑容望着孙策："好奇我为何孤身来此？"

"嗯。"孙策思考片刻后回道。

"因为我想亲眼见见你，"周瑜朗声笑道，"'身长俊貌''颇有武勇''孙氏幼虎'，有如此名声的同龄人，在下想要与之结识，不是什么难以理解的事情吧。至于我为什么是一个人来的，"周瑜丝毫不觉得尴尬，"因为我是偷跑出来的。"

孙策："……"

"我等不及递拜帖那一套，"周瑜的语气转为严肃，"我与你一样，想在乱世中成就一番事业。"

看着对方那认真的神情，孙策眼中闪过锐利的光芒又迅速隐藏，他平静地说："你可以直接投奔我的父亲。"

"我还年少，"周瑜缓缓走向孙策，语气诚恳又不容推拒，"然而时不我待，我们都需要抓紧时间磨炼自己，我想，以我家的名声与财力，能够给你和你的几位弟弟提供最好的教育——无论是文史方面，还是……军事方面。"

见对方说得如此直白，孙策也不再隐瞒什么，他盯着越来越近的周瑜的双眼，低声问："为什么？"

"因为这里是属于我们的江东，我想，它应该成为孙氏的江东，"周瑜在孙策身前停步，抬手拍在孙策的肩上，"不是吗？"

听到这句话，孙策深深地吸了一口气，终于确认眼前这位少年郎与自己的志向完全一致。说实话，他早已受够了父亲还要听从袁术的调遣，他想要的，是完全属于孙氏的江东。

孙策抬手拍了拍周瑜搭在自己身上的胳膊，豪迈地笑道："若我日后真的成为江东猛虎，你定是我这虎背上的双翼！"

初平元年（公元190年），舒县周氏之子周瑜慕名拜访居住在寿春的孙策，并劝说孙策举家移居舒县，之后，周瑜特意提供了一处宅院供孙家居住。

然而，两位胸怀大志的少年仅仅一起学习、生活了不过两年时光。初平二年（公元191年），孙策的父亲孙坚在袁术的指派下攻打刘表，不幸战死，孙家便搬离了舒县。

守孝结束后，孙策为了讨回父亲的旧部，被迫加入袁术麾下，此后数年，他不断为袁术征战，然而袁术此人心胸狭隘、反复无常，数次食言。年少的孙策虽心有怨气，却还是忍辱负重，在沉默中静静地等待着。

终于，孙策渴求的机会来了。建安二年（公元197年），袁术突然僭越称帝，随即遭到了各地势力的围攻，孙策趁机与袁术决裂。此后，曹操以皇帝的名义向这位故人之子下了诏书，命其攻打袁术。

建安三年（公元198年），屡战屡胜的孙策迎来了弃官投奔的周瑜，两位少年知己终于再次相见。而此时此日，已是他们曾经讨论过无数次的乱世。

两年后，建安五年（公元200年）。

独自坐在主将营中的孙策一口饮尽杯中的烈酒，狠狠地把酒杯摔在了地上。

"怎么这么大火气？"有人推门而入，忍着笑意询问。孙策没有抬头，因为可以不经通报进入这营帐的，只有一个人。

"该死的曹贼！"孙策扭头啐了一口，怒气中烧，"他自己都快要死在官渡了，居然还敢假借皇帝诏书，对我江东指手画脚！"

"声音小些，"周瑜不满地皱眉，随便找了张椅子坐下，"这是大汉的江东。"

孙策望着周瑜那张依旧如少年般姣好的面容，打了个酒嗝，道："这是我们的江东！"

周瑜挥手扇开酒气："这句话还是我说的呢。"

"你说之前我就是那么想的！"

周瑜懒得跟这个醉鬼置气，他低声劝道："营中肯定有曹操的人，你说话小心一些。"

"呵，"孙策嘲弄般笑道，"曹操的人？曹操的人凭什么管我江东的事！袁术死后，是我们和麾下的将士，一点一点打下了整个江东！"

"杀了董贼，又来了曹贼，去他的大汉！谁能抢到那个小皇帝，谁就是大汉！"带着醉意喊出心底的话之后，孙策突然沉默了，他与同样面色阴沉的周瑜对视着，心中渐渐涌起了一个想法。

"你说……"良久，孙策缓缓开口。

"曹操几乎把全部兵力都放在了官渡，"周瑜不假思索地说，"若以轻骑奔袭许昌，或可一举成功。"

"果然，"孙策大笑着伸手去拍周瑜的肩膀，"你一直都跟我想的一样！"说完孙策收敛了笑容，"要急袭许昌吗？"

"我今晚拟定计划。"周瑜点了点头。

"那么，喝酒吧。"孙策起身去拿酒坛。

取杯倒酒时，孙策凑在周瑜的耳边低声问："你确定我营外有投靠曹操的奸细？"

"我确定他现在已经在着急地写信了。"周瑜低声回道。

"那就好。"孙策叹了口气，忽然身形不稳，歪倒在了地上。

"你怎么了？"周瑜慌张地伸手去扶他。

"喝多了，头疼。"

"……"

次日，孙策截获了奸细向曹操发出的信，随即命兵士将其绞杀。

"几年前杀了个许贡，居然还有心向曹贼的家伙。"大致翻看完周瑜拟定的计划，孙策不满地对周瑜说，"这下总算放心了。什么时候执行？"

"当然是越快越好，"周瑜有些放心不下，"说到许贡，他的幼子和几个门客当时可是逃跑了，我怕……"

"有什么好怕的？我可是江东小霸王。"孙策起身活动了一下肩膀，"太久没有打仗，身体都快生锈了，不如今日去打猎吧。"

直到孙策都快走出门了，周瑜才反应过来这家伙说了什么，他急忙阻止道："你是主将，不可置身险地。"

"哪次打仗我不是身先士卒？打猎算什么险地。"说完，孙策便带着十余骑亲卫离开军营。

周瑜望着他的背影，隐隐觉得不安。

而这份不安，最终变成了现实。

建安五年四月四日，孙策于山中猎鹿，追寻猎物甩开亲卫后，忽然碰到了三个人，心生警觉的孙策勒马询问他们是何人。

"我们是韩当部下的士兵。"

"韩当手下的人我都认识，但我从未见过你们。"孙策边说边搭箭射倒一人，其余二人举弓便射，箭枝横穿孙策面颊。待亲卫赶来杀死那两人时，孙策已然重伤难治。当晚，孙策请来张昭等人托付后事，并将自己的一切交由二弟孙权继承。

是夜，孙策逝世，年仅二十六岁。

此后数年，孙权在张昭、周瑜等人的协助下逐渐掌握了整个江东。建安十三年（公元 208 年），孙氏军队以周瑜为主将，联合刘备军大败曹操于赤壁，奠定了天下三分的大势。

　　于年少时相遇相知，两位少年约定了为之付出一生的目标。百战不殆的孙策打下了孙氏江东的基础，智勇双全的周瑜稳固了孙氏江东的统治。自建安三年孙策被朝廷封为吴侯至天纪四年的八十余年间，江东，一直都是孙氏的江东。

护一国黎民苍生

白起

一剑霜寒十四州

文 小咕咕

  白起出生在眉县的一个小村庄，他从小接触刀枪剑戟、骑马射箭，练就了一身的好功夫。

  白起少年时，面容就十分英俊，与孩童们一起玩时，白起总是一袭披风，一柄木剑，站在众人中央，被大家奉为将军。

  又过了几年，白起已是龙章凤姿，前来说媒的人踏破了门槛，但他没有任何回应，依旧日复一日地练习武艺。

  等到成年后，有人问白起："你已成年，为何还不成婚？"

  白起说："我不想成婚。"

"为何？"

"我想为秦国开疆拓土，想被大王重视，做大将军，想……"

"如果你想要的，只能有一件呢？"

白起想了想，道："吞并六国。"

白起实现梦想的机会很快就来了，他首次穿上大秦的战袍指挥军队，是在新城之战。

秦昭襄王十三年，秦军攻打韩国的新城。这次战役的规模并不大，也没有什么特别之处，可却让很多人都记住了万军阵中那个战袍翻飞的英俊青年，叫白起。

白起在新城之战中担任左庶长，只是个中级将领，手下的兵士并没有多少。在猎猎大风中，铁蹄踩踏，将士厮杀，白起坐于战马之上，横刀立马、挥动战旗的时候，仿佛身后有千军万马。

白起在战场的表现被另一个人看在眼里，他就是大秦的丞相魏冉。

新城之战之后，韩国为了夺回故地，联合魏国再次攻打秦国，魏冉推荐白起出战。白起率领秦军与韩魏联军战于伊阙，此时他位居左更，统领更多的兵士，在战场上绽放出了更耀眼的光芒。

白起麾下的兵力不及韩魏联军一半，但他大破敌军，斩士卒二十四万，拔取五座城池，并俘虏了联军主将公孙喜。

战后，白起的名声传遍了七国，当然也传到了秦昭襄王的耳朵里。

秦昭襄王对他的战绩很是满意，提拔他为国尉，并下令亲自召见。秦昭襄王已根据官员的叙述和民间传言，在脑海中勾勒出这位青年将领的模样。初见之下，他没有失望：白起确实雄姿英发，施礼、叩谢都翩翩有礼，不失分寸。

当白起抬眼的一刹，秦昭襄王不由得赞叹：这是怎样一双无比专注而又冷峻的眼睛，他那时便确定，这不是一个人，而是一柄剑，大秦最锋利的一柄剑。

此后，白起一直所向披靡：秦昭襄王十五年，他被封为大良造，攻打魏国，夺取城池六十一座；秦昭襄王二十一年，攻打赵国，夺取光狼城；秦昭襄王二十九年，攻占楚国的郢都，焚烧夷陵，被封为武安君；秦昭襄王三十四年，攻打赵、魏联军，俘获韩、赵、魏联军大将，斩首敌军十三万……战神白起的名号响彻七国，无人不晓。

人们似乎看到了白起的结局：打仗、胜利，循环往复，直到大秦吞并六国，称霸天下。

秦昭襄王四十七年，秦国将主要矛头对准赵国，先利用反间计陷害老将廉颇，又令武安君白起做上将军，带兵出征。赵国任赵括为主将，两军交锋于长平。秦军先佯败逃跑，赵括乘胜追到秦军营垒，却久攻不下。

此时秦军一支两万五千人的奇兵逼近赵军，切断他们后路；另一支五千人的队伍飞速奇袭赵军营垒，把赵国军队割裂成孤立的两部分，堵住运粮道路。

赵军断粮四十六天，已经到了人吃人的地步，终于忍无可忍，朝秦军营垒进发。可此时他们的进攻仿佛以卵击石，秦军轻而易举就射杀了他们的主将赵括。赵军本来就是劳累之师，现在又群龙无首，于是四十万赵军向白起举起了白旗。

这一战，本该是白起征战生涯中最浓墨重彩的一笔：以少胜多，奇正相间，足以成为千古流传的经典战例。但他面对四十万赵军，做出了一个令人震惊的决定：只留下几百个年轻人回赵国报信，其余人全部坑杀。

从此唤白起为"战神"的人变少了，他的名声渐渐成了"杀神""人屠"，人人都视他为杀人不眨眼的恶魔。

白起没有为自己开脱过，他没办法和所有人解释清楚，长平之战看似大获全胜，但常年征战之后，秦国国力已经虚耗到了极限，根本无力接纳这几十万降卒。就算勉强受降，他们军心未定，若趁机谋反，后果不堪设想。

这也便罢了，毕竟一将功成万骨枯。现在是继续攻击、吞并赵国的最好时机。赵国灭亡，那么大秦的王霸之业势在必行。此业能成，便一生无憾。

可白起最后的期盼被剥夺了。正当他制定好战略，准备率军再战时，秦昭襄王下令，要和韩国、赵国缓和关系，只要他们肯割地赔偿就不再出兵。

白起上疏反复给秦昭襄王分析形势，如果错过现在的时机，日后再想战胜赵国，会更加困难。但秦昭襄王依旧坚持自己的命令，要求白起休战回朝。

回国后的白起一下子苍老了许多，他辞谢了秦昭襄王的召见和封赏，谢绝了各种庆功宴，只是自己待在家里，或到院子里走走，练几招剑。

想来看望白起的人很多，但是白起都回绝了。他半生戎马倥偬，没有几个朋友，唯一的朋友是当初举荐他的魏冉。之后他们只要有机会见面，总要秉烛长谈直到深夜，可惜彼时权倾朝野的秦相魏冉，因为势力太大被秦王罢相，最终于陶邑郁郁而终。

白起回想起魏冉以前说过的话："白起，你的军事天赋当今天下无人能敌，不过这世上不只有战争，你也不能只专注于开疆拓土。你成于战，也必毁于战。"

当时白起的反应是不置可否，似乎从没听进去过。但其实白起心中都明白。

他清楚魏冉一生为秦国鞠躬尽瘁，是范雎在暗中挑拨，戳中大王的痛处，以至于魏冉被驱逐后幽愤而亡。他也知道，范雎看不得自己打败赵国，位列三公，抢了他的权力，才说服大王休战的。世间这样的纷扰太多，一生能看到一件事，已经够多了。

几个月后，秦昭襄王发现自己的如意算盘打错了，赵国没有那么好拿捏。他令王陵攻打邯郸多次失利，于是又将希望寄托于白起身上。病中的白起虚弱地摇摇头，对他说："末将恳求大王不要攻打邯郸。长平之战后没有乘胜而追，错失良机，如今大秦国内空虚，倘若强攻，赵国都城里应外合，我军必然大败。不如养精蓄锐，留待来日。"

秦昭襄王不耐烦地摆摆手："武安君抱恙，就好好歇息。本王的策略还不劳武安君插手，武安君就在病榻上等着大秦一统天下的消息吧。"

秦昭襄王让王龁代替王陵出征围攻邯郸，结果仍久攻不下。看到秦军的颓势，楚、魏两国也趁势作乱，率领数十万人大破秦军。

白起身在家中，却一直心系战场。他听说自己最得力的部下死于战场，自己用心守护的百姓陷于他国铁蹄之下，终于忍无可忍地感叹："现在秦国成了什么样子！"

这话当然传进了秦昭襄王耳朵里，于是秦昭襄王不顾白起病体，强行要他带兵攻赵，白起依然拒绝。他愿意为自己在战场上的每一个行为负责，可是违背自己判断的出兵，他绝对不去。

白起是乱世而出的英雄，但在秦昭襄王眼里，他只是一柄剑。如果一把剑胆敢自作主张，那么是时候将它一折两段了。

秦昭襄王五十年十一月，大秦冬风凛冽。白起跪在杜邮亭外一片枯草中，双目空洞地望着十里之外肃杀崇闳的都城，喃喃道："我何罪于天，而至此哉？"半响，周围只是一片死寂，他嘴角扯了扯，自言自语道："秦将白起坑杀赵卒四十万，罪该当死……"

其实他何尝不知道，自己征战无数，躲过那么多次凶险，最后还是死于政场中的暗箭。但人从战场中来，就该回到战场中去。曾经无数人因为秦军的征战丧失了生命，如今，自己就把生命还给他们。

说罢，他颈上利刃寒光一闪，鲜血汩汩而出。

秦武安君白起，卒。

白起看不到，在他死后，秦国各地的百姓自发祭祀他，为他祈福。百姓们不懂武安君的战略，也说不清多年前他为什么非要坑杀那四十万人。

或许只因为他们是勤勤恳恳的大秦子民，而武安君，一直是赤诚为国的秦将白起。

愿以万千兵马为聘，护你万世无忧。

YUAN YI WAN QIAN
BING MA WEI PIN

护一国黎民苍生
GARG SHENG

一剑霜寒十四州　白起

韩信

一代兵仙的养成手册

文 拂罗

秦皇扫六合后不久,已有民心破裂之势,秦爱纷奢,注定成为一根燃尽的柴。此时正是各路豪杰跃跃欲试的破晓前夜,其中包括项羽、刘季,也包括这个叫韩信的青年。此人"志与众异",认定自己会是乱世主角、军事天才,口头禅是"总有一天,我会出人头地"!

每次听他这么说,父老乡亲都要翻个白眼:"那个游手好闲的韩信……"

父母双亡,家徒四壁,也没个靠谱的谋生手段……成为豪杰的条件,韩信一个都不满足。韩信唯一拥有的东西就是志气,母亲去世的时候,韩信穷得连丧事都办不起，却拍着胸脯要找个宽敞的大坟地，能容得下万户的那种。[①]

乡亲们又翻个白眼："那个游手好闲还眼高手低的韩信……"

韩信无视这些声音，继续拎着剑在街上晃悠，怀揣着做人上人的大梦，寻思着明天的饭去哪蹭。

这世上很少会有人坦然接受自己的平庸。

在泡影被戳破之前，他总会拎着佩剑上街，拍着胸脯倔强地说，我不是普通人啊。

点醒韩信的人不是什么大人物，只是个在河边洗丝绵的大娘，她叫漂母。那天韩信摔门而去后饿得两眼冒光，只好去河边钓鱼充饥，半天也没钓上来一条，饿得眼冒金星，漂母看他实在可怜，就分出自己的饭给韩信吃。

这一分就是几十天。

韩信很感激，拍着胸脯说："老人家，等我日后出人头地，我一定重重报答你！"

漂母看他这满嘴跑火车的模样，想到这小子连个工作都没有，恨铁不成钢，怒而答道："大丈夫不能自食，吾哀王孙而进食，岂望报乎！"

你堂堂大丈夫不能养活自己，我是可怜你才给你饭吃，难道还指望你能报答我？

"可怜"——这个词何其残忍。

泡影"啪"地碎了，活在泡影里的韩信忽然看清大家是如何看待他的，也明白了那些嘲笑声是怎么回事。

这是他人生的第一个转折点。

后来有个年轻屠户看不惯韩信，就找碴儿羞辱韩信，在大街上嚷嚷："我看你长得又高又大，其实就是个怂包！你要是不怕死，就用那把剑刺死我，不然，就从我胯下钻过去！"

韩信打量了屠户一番，选择了最怂的一项。他慢慢地低下身，从对方胯下钻了过去，然后在众多嘲讽声里站起身，拍拍灰土，猛地推开人群，大步朝前走去。

"哎，他钻了，你们看见没有哈哈……"

[①]《史记》：韩信虽为布衣时，其志与众异。其母死，贫无以葬，然乃行营高敞地，令其旁可置万家。

满街人都追着他笑话个不停，没人看见韩信握剑的手微微颤抖。

转眼到了公元前209年，陈胜、吴广起义之后，各地豪杰揭竿而起，韩信离开淮阴，带着他的宝剑投奔项梁、项羽叔侄。站在项梁身旁那魁梧的年轻贵族，正是力能扛鼎喊着灭秦复国的项羽，韩信在新兵的呐喊声中跟着沸腾：这才是男人该活出的模样啊！

随着项家军冲锋陷阵，韩信飞速地收获了许多实战经验，项梁战死后，韩信就在项羽身旁做了个执戟郎中，他志不在小兵，频频向上级提出意见[②]。

然而顶头上司项羽一个都没用。

韩信的耐心终于被磨灭，于是他毫不犹豫地转投到刘老三麾下。可是，尴尬的事发生了，跳槽的韩信在刘邦这儿也不受欢迎，更要命的是，他还和其他十三人一同犯了军规，罪当处斩。

被押着跪在刑场，看着其他人挨个掉脑袋的时候，一般人心里肯定是绝望的："我太难了，我还真不是出人头地的那块料。"

韩信没有。

他从未质疑过自己的才华。

轮到韩信的时候，他怒目仰头看着夏侯婴，声如雷震："上不欲就天下乎？何为斩壮士！"

大王莫非不打算夺得天下？为何斩我这壮士！

这绝非区区一个小兵能喊出来的。

"慢着，我得跟他好好谈谈。"夏侯婴抬手救了韩信的命。

早年刘邦还是泗水亭长时，夏侯婴就在沛县当马夫，二人天天畅谈到天亮，后来刘邦起事，夏侯婴便形影不离地辅佐。和韩信交谈过后，夏侯婴觉得此人不普通，立刻回去禀报了汉王。

夏侯婴："我发现了一位 SSR 人才啊！"

---

② 《史记》：数以策干项羽，羽不用。

刘邦没看出来,反应很平淡:"哦,那就给他个管粮仓的官儿吧,是金子在哪儿都发光。"

韩信:……

此时的天下局势还不是韩信能插手的,他还需仰望那些豪杰的动向。项羽入咸阳后沿用了分封制,先封自己为西楚霸王,又把刘邦撵去老远的汉中,封他为"汉王"。汉中是个荒凉的地儿,天下将定,败者为寇,刘邦大抵是出不来了。

山水迢迢,许多将士纷纷商量着逃跑,其中也包括不受重用的韩信。夏侯婴听到韩信逃跑的消息,大惊失色,连忙去告诉丞相萧何,萧何也大惊失色,来不及跟汉王说一声,骑上马就追韩信去了,好说歹说,把韩信给拽了回来。

这个典故大家太熟悉了,萧何月下追韩信。

"报,丞相骑马跑啦——"

刘邦:"啥?"

后来见萧何居然自己溜回来,刘邦又喜又怒,恨不得给他个大巴掌再抱着他哭一场:"你跟着逃什么?"

萧何:"我哪儿敢逃跑啊,我是追逃跑的人去了。"

刘邦:"谁?"

萧何:"韩信。"

刘邦:"你唬傻子呢?那么多逃跑的你不追,追什么韩信!"

萧何:"其他人不追也罢,唯独韩信这种人才,国士无双,放眼天下也找不出第二个啊!"

刘邦这才正眼瞧韩信,但依然没看出那小子有啥骨骼清奇的,萧何表示此人心高气傲,必须重用。

在萧何的建议下,刘邦只好"择良日,斋戒,设坛场"搞了个大将任命仪式,宣称自己要任命一位大将。刘邦身边的将领都挺高兴,都以为是自己。结果任命通知下来:韩信。

众将领:"什么?"

那个默默无闻的韩信,一跃成了满级账号!

萧何和夏侯婴联名鼎力推荐，此人究竟有多厉害？

刘邦也有同样的疑惑，仪式过后，他邀韩信入帐细谈。韩信便从各方面分析了项羽的弱点，得出项羽"妇人之仁"的结论，又细细比较了刘邦与项羽，提出项王未得民心，百姓哀怨连天，击楚应采用"举而东，灭三秦"的战略——"三秦"指的是章邯、董翳、司马欣三位秦朝降将，如今被项羽在关中封王。

刘邦大喜，相见恨晚。

韩信从此奠定了自己在刘邦心中的地位，刘邦从此也有了再夺天下的方略。韩信人生中的高光时刻终于来了，他用战绩证明，当初那个在淮阴说大话的少年，他的确是个军事天才。

当分封制不再顺应时代，项羽轻率的决定重复了乱世的悲剧。很快，在不满的声音中，各地开始揭竿而起反西楚霸王了，韩信"明修栈道，暗度陈仓"，率军迅速平定"三秦"，当年巨鹿之战大放异彩的章邯兵败自刎。

韩信打过败仗吗？没有，一场都没有。

在众多质疑的声音中，他不出三月铲平"三秦"，率军破魏、灭赵、胁燕压再攻齐……攻必取，战必胜。

十面埋伏、背水一战、拔旗易帜……每一场战役都是军事神话，都精彩得能拍成独立的电视剧，短短几年，韩信就平定了北方的大部分势力，楚河汉界的战场，就以韩信这个名字徐徐拉开了序幕。

他成了汉王起落分天下的刀。

这段岁月，刘邦与韩信把酒言欢，剑指天下，好不畅快，昔日被淮阴混混羞辱的痛，被西楚霸王无视的苦，这些都在刘邦真切的赞誉声里化作往事。站在高高的点将台上，韩信终于感受到，天下距离自己如此之近。

他眼里多了某种东西，熠熠闪烁，那是每个英雄与生俱来，却大多在流离中衰亡的野心。

公元前202年，天下归汉，韩信作为异姓诸侯王前往楚地。他找到当年的漂母，赏赐千金；叫来当年的亭长，只给人家一百钱，留下一句"你是个做好事但有始无终的小人"；召见了曾经那名屠户，封他为中尉。

"你们看，难道我当年不能直接斩了他吗？可我知道，杀他也不能扬名，所以忍下来，我才有今天啊。"

一个人终究要和年少时的自己和解，尤其是那些夜夜盘旋在心头，夜半咬牙惊醒的屈辱往事，韩信终究要以某种方式去击碎它。

到此为止，他不再是那个从别人胯下钻过的市井青年。

他是堂堂正正的王啊。

后来项羽旧将钟离眜逃来楚国，投奔昔日的军中好友韩信。有人逮住机会说韩信要谋反，消息被刘邦知道了，他便假装自己要去云梦泽游览，背地里准备袭击韩信。

韩信刚出现，就被刘邦派人给抓住了，他不可置信，悲愤大喊："果若人言，'狡兔死，良狗烹；高鸟尽，良弓藏；敌国破，谋臣亡。'天下已定，我固当烹！"

乱世时锋芒太盛的刀，治世时难免看着瘆得慌。

刘邦听完留了他一命，但楚王是做不成了，韩信被贬为淮阴侯，其实就是被变相软禁起来。

此后韩信终日怨愤，知道刘邦忌惮自己，便装病不见。

后来有个叫陈豨的部将起事，刘邦外出平叛，韩信打算联合家臣发动兵变，趁夜袭击吕后、太子等人，不料被人出卖，走漏风声，反被萧何斩杀于长乐宫。

也有说法说这是吕后杀害韩信的借口。至于历史中韩信究竟有没有反，其实已经不重要了。

你能读懂淮阴的落魄青年韩信，就能读懂兵仙韩信的一生。你能读懂"成也萧何败也萧何"，就能读懂韩信的死亡。

世如浪，人如沙，怒浪声中淹没了百姓颠沛的身影，悠悠千古，不乏许多不甘随波逐流的砂砾，要跃马提枪，要惊鸿一现，要在历史上留下一声怒吼。

霍去病

自古英雄出少年

文 本人本人

　　男孩的娘是个奴才，他没有爹。本来是有的，奈何爹就是个小吏，不敢娶阿娘，也不敢认他。

　　但命运总有浮沉，奴婢之子没做两年，由于小姨嫁给了皇帝，小男孩一跃成了天子的外甥。鸡窝里飞出金凤凰，人们都暗暗羡慕男孩的好运。

　　在雕栏画栋的宫殿里，男孩逐渐长成了少年。他心胸开阔、意气风发，又擅长骑射，皇帝对他十分宠爱，甚至要亲自教导少年兵法。可谁知少年满不在乎，他傲气地扬起脸："打仗要看将领如何谋划，不必学习古人的兵法。"

　　皇帝一愣，转而大笑。

十八岁时,少年跟着自己的将军舅舅出征塞北。没人对少年抱有期待,他就像一只珍贵的瓷瓶,皇上想让他去军队里镀金,又怕他碎掉。少年自己却难掩兴奋,摩拳擦掌想要大展身手,全然不知道战争的残酷无情。

等着看少年热闹的人不少,比起扶摇直上青云端,人们显然更热衷于天之骄子跌落泥潭的剧情。他们窃窃私语:

"不过是奴婢之子,卑贱之身,上不了台面。"

"少年心性。封侯挂帅可不是那么简单!"

"急功近利至此,怕不是疯了!"

"听说了吗?他连兵书都没正经读过几本,全然不懂作战用兵之法。"

人们都这么想,少年的舅舅也不例外。他知道少年心思跳脱不够沉稳,不肯让他独自带兵。可少年哪里肯从,最后还是舅舅妥协了,分给他一小队人马让他自己去玩。

说是一小队人马,实际只有八百轻骑。

轻骑的身影在辽阔无垠的漫漫沙场中忽明忽灭,如同月下尖刀反射出影影绰绰的寒光。少年交出了令人满意的答卷:深入龙潭、直捣虎穴,斩敌两千,俘获单于的叔父。他一战封神,功冠全军,皇帝钦赐他为冠军侯。

消息传来,举国震惊。人们突然发现,这个他们以为不过是鸡犬升天的纨绔,原来是凤凰雏鸟,要浴血才得见锋芒。

从此,少年像是开了刃的神兵,未尝一败。铁甲冠上霍家儿郎的姓名,月亮也染上血的红光,仿佛这个朝代辉煌闪耀千百年的气韵与利落都凝结成了他一人长枪上的锋芒。

他的名字传遍国土,响彻漠北,少年成了战神的代名词。一份份捷报传来时,再也没有人质疑他的功绩,人们只是暗羡。羡慕他富贵荣宠,羡慕他名扬天下。

匈奴也为此悲歌:"失我焉支山,令我妇女无颜色;失我祁连山,使我六畜不蕃息。"

皇上特意为他修建一座宅院,极尽奢华以示荣宠。恨不得用黄金做梁柱,红玉为砖瓦，铺张十里开去。当皇帝将这座雕栏画栋的宅院赐给他时，曾问他可还有什么别的要求。

少年嘴上恭谨守礼，眉目间却是藏不住的轻狂英气。他说："匈奴未灭，何以家为？"此言一出，震惊朝野。

匈奴百部，万里疆土，说要尽灭匈奴，人们只觉得，这少年怕不是疯了。

少年手下的将士也是这么想的。

为了他的一场战役，皇帝尽全国之力为他筹集物资和粮草。可是，他却轻装上阵，只携带了少量辎重。

在手下众人惊慌又绝望的眼神中，他狂傲地说："慌什么？物资没了，就从匈奴人嘴里抢。"少年的眼神如同见到了羊群的狼王，闪烁着狠厉的光芒。

他传下军令，漠北之战，全军取食于敌。

事实证明他是正确的。这支饥饿之军，比以往任何时候都要饱含战意。既然国力支撑不起这样一场战争，那么干脆弃之不要。让死亡的阴影为祭品，练就一支夺命的神兵。

虽然如此，可当士卒们腹中饥饿，又想起将军正在营帐中玩乐，难免泛起嘀咕："你说咱将军，是不是有点疯啊。"

"嘘嘘嘘，快小点声。让将军听到了这可不得了。"

还没等他们议论完，号角声响起，忽然传来军令，要召集全军。

闻名大汉国的少年将军站在高台上，看不清面孔。只能看到他在烈日下闪着金光的甲胄和随风颤动的翎羽。他让手下拿来一坛美酒，对着众人高喊："这酒是皇上钦赐，赠予有功将士。万千将士助我军得胜，皆是我大汉功臣。这酒理当全军共饮。"

说完，少年当众将酒坛砸碎，取一捧酒泉，遥拜王朝，然后对着滚烫的太阳一饮而尽。酒水打湿了他的衣襟，又顺着玄甲滑下，他却浑不在乎。他孑然一身站在高台上，看着眼前的众人，那是同他出生入死的兄弟。

众人也在看着他。他说"将士"，他说"功臣"，他说"胜利"，他说"全军的荣誉"。

之前的两位士卒互相对视一眼:"你说得对,咱们将军确实有点疯。"可他们眼中却燃起了汹涌的战意与渴望。

战场是万里的黄沙,朝堂是无声的沙场。

少年战功赫赫,已经超过了他的舅舅卫青。对武将来说,战功意味着权势与追捧。朝中的大臣嗅到这种味道,人心开始动摇。曾经围绕在卫青周围的那些谋士门客,都在找各种理由转而投靠少年。

少年没说什么,只是将这些投靠者全部收入门下。在权臣眼里,这几乎等同于一种暗示,于是人们更加追捧少年,甚至贬损少年的舅舅,嘲笑舅舅的门客不识时务。毕竟,谁不喜欢万人敬仰,谁不喜欢处处被追捧?他们觉得少年也是一样。

有一位名为李敢的将士曾随着少年征战沙场、战功赫赫,自诩为少年的朋党,一时风光无两。他人如其名,确实很敢做事。李敢与卫青曾有私仇,一直怀恨在心。又想到卫青如今门庭冷落,而自己风头正盛,竟然直接出手打伤卫青。

卫青向来忠厚宽容,并没有找他寻仇,也没将事情公之于众。李敢更觉得是卫青怕自己,心中越发得意。

一次秋猎,李敢小心地跟着一头小鹿。他缓缓地举起箭,心中想着,这鹿太狡猾了,这次定要一击即中,却没留意一支闪着银光的长箭破空而来,穿破轻甲直击他胸口。那小鹿听到声响受了惊,转头就跑。李敢睁大了双眼,难以置信地看了看自己被洞穿的胸口,又看向箭飞来的方向。

远处的马上,一人身着玄铁金甲,头上血红的翎羽随风飘扬。

是霍去病。

他更加不解,想伸手指向那人,却已经无力抬起手指,整个人直挺挺地倒下马去。

远处执弓的少年将军抚摸着弓箭笑了笑:"啊,李将军怎么这样不小心,想要抓鹿,怎么反被鹿给撞下马了呢?"

少年嘴唇鲜红,如同饮血一般。箭囊上的红缨在劲风中发出瑟瑟的声响。

"没关系,兄弟一场,我来为你报仇。"说罢,他取一支箭射向远处,长弓发出铮铮弦响，远处逃跑的小鹿应声倒地。

"看，一击即中。"少年勾起嘴角，轻轻一叹。

而李敢仍双目圆睁，想要骂一句疯子，却出不了声，不久之后终于咽了气。

因为皇帝的宠爱，少年没有为此受到惩罚。李敢的死震慑住了其他心怀叵测的人，再也没人敢随意揣测他的心思。

野心家们曾经以为少年要追求名利，他需要万人的倾慕和流芳百世；政客们曾经以为少年要的是位极人臣，他想凭借着家族的宠幸为自己挣得滔天的权势。可后来，人们发现自己错了。

他是战神在世，不似常人。他行事诡谲，不循礼法。

世人都爱财，他却拒绝了金屋美妾。

世人都爱名，他却从没为流言蜚语争辩过一句。

人人都知道他战功赫赫，可是谁又知道，他看着塞外的雪时，喝的是什么酒？

漠北边陲，极目远眺，萧萧万里黄沙，一轮残阳似血。城关的号角低沉，碧空上野雁齐鸣。塞外的风景单调枯燥，唯有年年将士们唱的家乡小调换了又换。将军总有倒下的时刻，这一路上，他且醉且歌，到底倒在这片为之战斗过的土地上。

一国之将，陨落在黄金盛年，埋骨于大好河山。眼前的一片荒草，来年又会有绿芽生长。胸中的一腔热血，在地下浇灌出大汉王朝百年的龙脉。

最后遥望西北，千里之外，那是祁连山的方向。

少年将军的眼中，依稀有笑意闪过。

将军今朝埋骨地，来年春时百花开。

古代乱世英雄

LUANSHIYINGXIONG

测试卷

TEST

> 第一届

古代乱世英雄测试卷

（总分：100分　作答时间：30分钟）

题号	一		二	三	四		总分
	1-5	6-10	1-5	1-5	1-5	1-5	
得分							

一、一不小心就会篡改历史的连线题（40分，每小题4分）

（1-5题）

刘备	东汉末年	没有威慑力都怪这该死的美貌。
高长恭	隋末唐初	今天也想不通是咋被刘老三抢了天下的。
项羽	南北朝　北齐	作为托塔天王的原型偶尔会很郁闷。
李靖	秦朝末年	我，中山靖王后代，打钱。
曹操	三国时期	最近特讨厌别人叫他阿瞒。

（6-10题）

韩信	西汉时期	怎么一句话打败别人？我老婆叫西施。
霍去病	春秋末期	这些被坑杀的冤魂，日夜伴随着我。
范蠡	南宋时期	名字本身居然是一口毒奶。
白起	秦汉时期	青山有幸埋忠骨，白铁无辜铸佞臣。
岳飞	战国时期	不瞒你说，是萧何先追的我。

40分　连线题

三国

填空题

判断题

二、一匹马的漫漫寻主路，三国另类大戏《主人去哪儿》。
（20分，每小题4分）

（1）我们的主角马儿和主人走散了，它依稀记得自己的主人叫刘备，问题来了，它的名字叫____？
A.的卢　　　　　B.绝影　　　　　C.楚骓

（2）我们的主角马儿漫无目的地乱转着，忽然瞧见乌林升起大火，将临江的赤壁映照得火红，十分可怕，它忽然想起，自己和主人是在____中走散的。
A.赤壁之战　　　B.火烧博望坡　　　C.火烧连营

（3）我们的主角马儿在火中惊慌逃窜，忽然远远瞧见一个英姿飒爽的家伙，似乎是这场纵火战的主帅，一身打扮正应了后世苏轼的"羽扇纶巾"，他应该就是____了。
A.主人整天挂在嘴边的那个诸葛亮　　B.东吴那个人气男神周瑜
C.耍帅的路人甲

（4）战场上兵器散落了一地，我们的主角马儿不可能看到的兵器是____。
A.马槊　　　　　B.诸葛连弩　　　　C.青龙偃月刀

（5）我方将领认出了我们的主角马儿，将其领回了刘备身边，回到城里的马儿有可能看到的服饰是____。

A. 襕袍　　　　　B. 襦裙　　　　　C. 飞鱼服

第一届 古代乱世英雄测试卷

连线题

三国大

20分 填空题

判断题

三、你是一个有抱负的时空记者，你这次的采访对象是历史上有名的美男高长恭。（20分，每小题4分）

（1）要采访美男子，想想心里还有点小激动呢，想要进人家的军营就得穿铠甲，不过，下列你最不能穿的铠甲是____。
A 两裆铠　　　　　　B 明光铠　　　　　　C 绢布甲

（2）你见到了高长恭，他果然是个人美心善的男子，毫无将军的架子，说随你怎么称呼，你想了想，觉得有一样称呼还是不礼貌的，这个称呼是____。
A."见过长恭兄。"　　B."见过枣庄王。"　　C."高肃你好。"

（3）对于高长恭最出名的"率五百骑兵突围击退北周"之战，你事先做过功课，正是____。
A.邙山大捷　　　　　B.鄢郢之战　　　　　C.巨鹿之战

（4）采访过高长恭，他邀你一同参加庆功宴，宴上将士们会跳起的舞蹈是____。
A.霓裳羽衣舞　　　　B.兰陵王入阵曲　　　C.敦煌飞天舞

（5）临别之际，高长恭说要赠你瓜果，你想了想，不适合开口讨要的是____。
A.葡萄　　　　　　　B.石榴　　　　　　　C.菠萝

四、前线记者带回这些八卦，请大人判断情报对错。（20分，每小题2分）

李靖篇

1. 李靖起初效忠隋朝，后转而效力唐朝，经唐平萧铣之战、唐灭辅公祏之战等，为初唐打下大半江山，列为"凌烟阁二十四功臣"之一。（　）

2. 李靖最喜欢的兵器是三叉戟和宝塔，所以大家都叫他托塔李天王。（　）

3. 红拂女原名张出尘，原是隋朝臣子杨素的侍妓，早期李靖来投奔杨素，杨素不以为然，两人交谈之时，站在一旁的侍女张出尘却对李靖暗生钦佩，于是趁夜寻找李靖诉说投奔之意，二人遂扮成商人离开长安，后结为百年之好。（　）

4. 红拂女夜奔寻李靖，两人结为伴侣的爱情故事，出自唐人小说《三十三剑侠传》，正史上也有记载。（　）

5. 李靖，字药师，所以大家也都叫他李药师，虽然他并不会给人看病。（　）

记者篇

1. 据蜀汉记者采访，诸葛丞相称自己并未气死周公瑾，周公瑾脾气很好的。（　）

2. 据东吴记者报道，孙权怒称草船借箭是自己的主意，并向孔明索赔名誉损失费。隔壁的诸葛丞相表示："这锅我不背，左拐罗贯中。"（　）

3. 据秦朝记者采访，兵仙韩信矢口否认当年曾投奔项羽，因数年

没升职怒投刘邦之事:"我不是,我没有,别胡说。"( )

4.秦朝记者想拎着剑在街上晃荡,觉得身在古代不会有人来查水表:"我学韩信。"( )

5.战国记者打算尊称胡服骑射的赵雍为"赵武灵王"。( )

参考答案
（知识点归拢）

一

（1-5题）

刘备——三国时期——我，中山靖王后代，打钱。

曹操——东汉末年——最近特讨厌别人叫他阿瞒。

高长恭——南北朝北齐——没有威慑力都怪这该死的美貌。

项羽——秦朝末年——想不通是怎么被刘老三抢了天下的。

李靖——隋末唐初——作为托塔天王的原型偶尔会很郁闷。

◆ **划重点：**

1.震惊，曹老板竟不算三国时期的人？！

曹操："看我干吗？又不是我想退场这么早，我领便当的时候还是东汉呢，之后丕儿在公元220年称了帝，再后来刘备和孙权才晚一步称帝，这才叫三国时期。"

2.略。

3.略。

（6-10题）

韩信——秦汉时期——不瞒你说，是萧何先追的我。

霍去病——西汉时期——名字本身居然是一口毒奶。

范蠡——春秋时期——怎么一句话打败别人？我老婆叫西施。

白起——战国时期——这些被坑杀的冤魂，日夜伴随着我。

岳飞——南宋时期——青山有幸埋忠骨，白铁无辜铸佞臣

第一届 古代乱世英雄测试卷——参考答案

◆ 划重点：

1.萧何月下追韩信……咳，追赶的"追"；

2.霍去病最终病逝，年仅二十四岁；

3."青山"指埋葬岳飞的栖霞岭南麓，"白铁"指秦桧跪像；

4.白起曾坑杀赵国四十万降军，是个被誉为"杀神"的男人。

二

（1-5题）

1.A 2.A 3.B 4.C 5.B

◆ 划重点：

1.据《三国志》记载，的卢是刘备的爱马，曾跃过檀溪救主一命；绝影是曹操爱马；楚骓则是项羽坐骑。

2.关键字"乌林"，《三国志》等记载，赤壁之战实为火烧乌林，映红了对面的赤壁。（赤壁：躺了个枪）

3.羽扇纶巾：鸟羽扇，青丝巾。当时名士圈子里比较流行的装束，不单指诸葛亮，在赤壁之战中周瑜才是精心策划的那个人，并无借东风一事。而苏轼词中人物指周瑜——毕竟还有一句"小乔初嫁了"呢。

4.前两者都是当时真实存在的兵器，且符合时代，而青龙偃月刀只存在于虚构的演义，唯一有关联的"掩月刀"出自宋朝，颜值很高，但因重量只适合仪仗使用，是一把善良之刀。

5.襕袍盛行于唐朝，飞鱼服盛行于明朝，而三国时期服饰特点大体沿用汉朝，所以汉代襦裙正确。

三

1.C 2.C 3.A 4.B 5.C

◆ 划重点：

1.绢布甲出现在唐朝，是无防御能力的装饰性铠甲，如果你穿着去南北朝，对你来讲就是"牢底坐穿甲"。

2.高长恭本名高肃，而过去"兰陵"今为"枣庄"，他不会介意你叫他枣庄王——他压根听不懂，但会很介意你直呼其名，在古代直呼其名形同骂娘，后果很严重。

3.邙山之战：兰陵王率五百将士冲入北周包围圈，解围金墉城，为了歌颂这位戴面具入阵的将领，将士们高唱《兰陵王入阵曲》；

鄢郢之战：白起七万兵VS楚国三十五万大军胜利；

巨鹿之战：项羽五万兵VS秦国四十万兵胜利，三者都是以少胜多。

4.略。

5.菠萝产自巴西，于十六世纪才传入中国，向人家要，人家也听不懂。

四·李靖篇

1.√ 2.× 3.√ 4.× 5.√

◆ 划重点：

1.凌烟阁：唐朝李世民为了表彰开国功臣而建的高阁，李靖作为经典的开国名将，名列其中。

2.撞名的托塔李天王，出自明代神话小说《封神演义》，是道教神仙李天王，不过原型正是唐朝李靖。（李靖：有点点郁闷，我儿子真不叫哪吒。）

3.略。

4.出自唐人小说，正史上无明确记载，单身狗可心安。

记者篇

1.√ 2.√ 3.× 4.× 5.×

◆ 划重点：

1."三气周瑜"仅出自《三国演义》，正史中周瑜是个暖男，与其交谈"若饮醇醪，不觉自醉"——程普亲口说的。

2."草船借箭"确出自孙权之手，《魏略》有记载[①]。

3.韩信早期的确投奔过项梁、项羽，因不受重用而转投刘邦麾下，后因亦不受刘邦重视出逃，被萧何追回，此后才成为刘邦麾下一员大将。

4.玩刀有风险，除了贵族或者官员之外，秦朝的百姓禁止携带管制刀具。

5."武灵"可是谥号，不知那位记者如今健在否。

---

① 《魏略》：权乘大舰来观军，公使弩乱发，箭著其船，船偏重将复，权因回船，复以一面受箭，箭均船平，乃还。

更多延展阅读
关注"古人很潮"微信公众号

有态度、有料的历史趣味科普

图书在版编目(CIP)数据

君子温如玉/古人很潮编著.
—武汉:长江出版社,2020.4
ISBN 978-7-5492-6918-1

Ⅰ.①君… Ⅱ.①古… Ⅲ.①名人-列传-中国-古代
Ⅳ.①K820.2

中国版本图书馆CIP数据核字(2020)第057060号

本书经天津漫娱图书有限公司正式授权长江出版社,在中国大陆地区独家出版中文简体版本。未经书面同意,不得以任何形式转载和使用。

君子温如玉 / 古人很潮 编著

出　　版	长江出版社			
	(武汉市解放大道1863号 邮政编码:430010)			
选题策划	漫娱图书　杨宇峰			
市场发行	长江出版社发行部			
网　　址	http://www.cjpress.com.cn			
责任编辑	李　恒			
特约编辑	郭　昕　郝临风　买嘉欣			
总 编 辑	熊　嵩			
执行总编	罗晓琴			
装帧设计	许　颖　徐　蓉　赵一麟	开　　本	710mm×1120mm　1/16
人物插画	鱼　泡　匪萌十月	印　　张	13
	鹤相欢　长风临泽	字　　数	202千字
印　　刷	武汉鸿印社科技有限公司			
版　　次	2020年4月第1版	书　　号	ISBN 978-7-5492-6918-1
印　　次	2023年5月第27次印刷	定　　价	45.00元

版权所有,翻版必究。如有质量问题,请联系本社退换。
电话:027-82926557(总编室)　027-82926806(市场营销部)